Les péchés de la BCE

Inflation, scandales monétaires et crédit financier sans fi
par la Banque centrale européenne

ˎ

Table of Contents

Introduction

La BCE n'a rien fait de bon, et ce livre révèle tous ses sales secrets !

Ce livre n'est pas seulement une lecture fascinante mais aussi une mise en accusation accablante de la Banque centrale européenne. Il lève le voile sur les nombreux scandales financiers et les débâcles du crédit financier qui ont éclaboussé l'institution ces dernières années.

La Banque centrale européenne (BCE) a été mêlée à de nombreuses controverses ces dernières années, qu'il s'agisse d'allégations de blanchiment d'argent ou de préoccupations concernant sa gestion de la crise financière de la zone euro. La critique la plus accablante adressée à la BCE est peut-être qu'elle n'a pas réussi à lutter contre l'inflation, ce qui a entraîné des difficultés économiques pour de nombreuses personnes en Europe. Les taux d'inflation n'ont cessé d'augmenter depuis la création de la BCE en 1998, et si la banque a mis en œuvre un certain nombre de mesures pour tenter de faire baisser les prix, celles-ci n'ont jusqu'à présent pas abouti. En outre, la BCE a été accusée d'avoir distribué de manière inconsidérée des crédits financiers aux banques et autres institutions financières pendant la crise, sans évaluer correctement si elles pouvaient se permettre de les rembourser. En conséquence, la BCE a été critiquée à la fois par les politiciens et par le grand public.

Si vous êtes en colère contre la façon dont la BCE a mal géré notre argent, ce livre est fait pour vous. Il vous fournira tous les faits et chiffres dont vous avez besoin pour faire entendre votre voix. Et il pourrait même vous inciter à agir et à exiger des changements de la part de nos institutions financières corrompues.

Inflation

En économie, l'**inflation** est une augmentation générale des prix des biens et services dans une économie. Lorsque le niveau général des prix augmente, chaque unité monétaire permet d'acheter moins de biens et de services ; par conséquent, l'inflation correspond à une réduction du pouvoir d'achat de la monnaie. Le contraire de l'inflation est la déflation, une baisse soutenue du niveau général des prix des biens et des services. La mesure courante de l'inflation est le **taux d'inflation**, c'est-à-dire la variation en pourcentage annualisée d'un indice général des prix. Comme les prix n'augmentent pas tous au même rythme, l'indice des prix à la consommation (IPC) est souvent utilisé à cette fin. L'indice du coût de l'emploi est également utilisé pour les salaires aux États-Unis.

La plupart des économistes s'accordent à dire que les niveaux élevés d'inflation ainsi que l'hyperinflation - qui ont des effets gravement perturbateurs sur l'économie réelle - sont causés par une croissance excessive persistante de la masse monétaire. Les opinions sur les taux d'inflation faibles ou modérés sont plus variées. Une inflation faible ou modérée peut être attribuée à des fluctuations de la demande réelle de biens et de services, ou à des modifications de l'offre disponible, par exemple en cas de pénurie. Une inflation modérée affecte les économies de manière positive et négative. Les effets négatifs comprennent une augmentation du coût d'opportunité de la détention d'argent, l'incertitude quant à l'inflation future, ce qui peut décourager l'investissement et l'épargne, et si l'inflation est assez rapide, des pénuries de biens car les consommateurs commencent à accumuler des réserves par crainte d'une augmentation future des prix. Parmi les effets positifs, citons la réduction du chômage due à la rigidité des salaires nominaux, une plus grande liberté pour la banque centrale dans la mise en œuvre de la politique monétaire, l'encouragement des prêts et des investissements au lieu de la thésaurisation de l'argent, et l'évitement des inefficacités associées à la déflation.

Aujourd'hui, la plupart des économistes sont favorables à un taux d'inflation faible et régulier. Une inflation faible (par opposition à une inflation nulle ou négative) réduit la gravité des récessions économiques en permettant au marché du travail de s'adapter plus rapidement en cas de ralentissement, et réduit le risque qu'un piège à liquidités empêche la politique monétaire de stabiliser l'économie, tout en évitant les coûts associés à une inflation élevée. La tâche de maintenir le taux d'inflation à un niveau bas et stable est généralement confiée aux autorités monétaires. En général, ces autorités monétaires sont les banques centrales qui contrôlent la politique monétaire en fixant les taux d'intérêt, en effectuant des opérations d'open market et (plus rarement) en modifiant les réserves obligatoires des banques commerciales.

Définition

Le terme vient du latin *inflare* (gonfler) et a été utilisé pour la première fois en 1838 à propos d'une inflation de la monnaie, selon l'Oxford English Dictionary (1989).

Il a également été utilisé pour les prêts et l'inflation des prix dans les années qui ont suivi, jusqu'en 1874. Pendant la guerre civile américaine (1861-65), le dollar en or a été remplacé par le greenback, une monnaie papier émise par le gouvernement qui a rapidement perdu une partie de sa valeur ; cette définition du mot semble donc avoir été renforcée.

Le terme "*inflation*" est apparu en Amérique au milieu du XIXe siècle, "non pas en référence à quelque chose qui arrive aux prix, mais comme quelque chose qui arrive à une monnaie de papier". Aujourd'hui, cependant, il est compris comme faisant référence à une augmentation durable du niveau général des prix (par opposition aux fluctuations à court terme).

Concepts connexes

Les autres concepts économiques liés à l'inflation sont les suivants : la déflation - une baisse du niveau général des prix ; la désinflation - une diminution du taux d'inflation ; l'hyperinflation - une spirale inflationniste hors de contrôle ; la stagflation - une combinaison d'inflation, de faible croissance économique et de chômage élevé ; la reflation - une tentative d'augmenter le niveau général des prix pour contrer les pressions déflationnistes ; et l'inflation des prix des actifs - une hausse générale des prix des actifs financiers sans augmentation correspondante des prix des biens ou des services ; l'agflation - une augmentation avancée du prix des denrées alimentaires et des cultures agricoles industrielles par rapport à la hausse générale des prix.

Des formes plus spécifiques d'inflation font référence à des secteurs dont les prix varient de manière semi-indépendante de la tendance générale. L'"inflation des prix des logements" s'applique aux variations de l'indice des prix des logements, tandis que l'"inflation de l'énergie" est dominée par les coûts du pétrole et du gaz.

L'économie classique

Au XIXe siècle, les économistes ont classé trois facteurs distincts à l'origine d'une hausse ou d'une baisse du prix des biens : un changement de la *valeur* ou des coûts de production du bien, un changement du *prix de la monnaie*, qui correspondait alors généralement à une fluctuation du prix du métal contenu dans la monnaie, et une *dépréciation de la monnaie* résultant d'une augmentation de l'offre de monnaie par rapport à la quantité de métal remboursable garantissant la monnaie. Après la prolifération des billets de banque privés imprimés pendant la guerre civile américaine, le terme "inflation" a commencé à apparaître comme une référence directe à la *dépréciation de la monnaie* qui se produisait lorsque la quantité de billets de banque remboursables dépassait la quantité de métal disponible pour leur remboursement. À cette époque, le terme "inflation" faisait référence à la dévaluation de la monnaie, et non à une hausse du prix des marchandises. Cette relation entre la surabondance de billets de banque et la dépréciation de leur valeur qui en résulte a été constatée par les premiers économistes classiques, tels que David Hume et David Ricardo, qui ont ensuite examiné et débattu de l'effet d'une dévaluation de la monnaie (appelée plus tard *inflation monétaire*) sur le prix des marchandises (appelé plus tard *inflation des prix*, puis simplement *inflation*).

Histoire

L'inflation présuppose l'établissement de la monnaie, qui est apparue comme une construction sociale imprévue sur une période de 2 500 ans peut-être, à la suite de diverses innovations et avancées. Elle a atteint son apogée avec l'apparition de la monnaie en Lydie et en Ionie vers 630 avant J.-C., ainsi qu'en Chine à peu près à la même époque. Cela indique que l'inflation ne pouvait pas être plus ancienne que la monnaie.

Historiquement, lorsque la monnaie-marchandise était utilisée, les périodes d'inflation et de déflation alternaient en fonction de la situation de l'économie. Cependant, lorsque de grandes infusions prolongées d'or ou d'argent dans une économie se produisaient, cela pouvait conduire à de longues périodes d'inflation.

L'adoption de la monnaie fiduciaire par de nombreux pays, à partir du XVIIIe siècle, a rendu possibles des variations beaucoup plus importantes de l'offre de monnaie. Des augmentations rapides de la masse monétaire ont eu lieu à plusieurs reprises dans des pays en proie à des crises politiques, produisant des hyperinflations - des épisodes de taux d'inflation extrêmes bien plus élevés que ceux observés dans les périodes précédentes de monnaie fiduciaire. L'hyperinflation dans la République allemande de Weimar en est un exemple notable.
Actuellement, l'hyperinflation au Venezuela est la plus élevée au monde, avec un taux d'inflation annuel de 833 997 % en octobre 2018.

Historiquement, des inflations d'ampleur variable se sont produites, depuis la révolution des prix du XVIe siècle, provoquée par l'afflux d'or et surtout d'argent saisis et extraits par les Espagnols en Amérique latine, jusqu'à la plus grande inflation de papier-monnaie de tous les temps en Hongrie après la Seconde Guerre mondiale.

Toutefois, depuis les années 1980, l'inflation a été maintenue à un niveau faible et stable dans les pays dotés de banques centrales indépendantes. Cela a conduit à une modération du cycle économique et à une réduction de la variation de la plupart des indicateurs macroéconomiques - un événement connu sous le nom de Grande Modération.

Périodes inflationnistes historiques

Des augmentations rapides de la quantité d'argent ou de la masse monétaire globale se sont produites dans de nombreuses sociétés différentes au cours de l'histoire, en fonction des différentes formes d'argent utilisées. Par exemple, lorsque l'argent était utilisé comme monnaie, le gouvernement pouvait collecter les pièces d'argent, les faire fondre, les mélanger avec d'autres métaux tels que le cuivre ou le plomb et les réémettre à la même valeur nominale, une valeur de 1,5 million d'euros.

processus connu sous le nom d'avilissement. À l'avènement de Néron comme empereur romain en 54 après J.-C., le denier contenait plus de 90 % d'argent, mais dans les années 270, il n'en restait pratiquement plus. En diluant l'argent avec d'autres métaux, le gouvernement pouvait émettre davantage de pièces sans augmenter la quantité d'argent utilisée pour les fabriquer. Lorsque le coût de chaque pièce est réduit de cette manière, le gouvernement bénéficie d'une augmentation du seigneuriage. Cette pratique augmente la masse monétaire mais, en même temps, la valeur relative de chaque pièce est réduite. À mesure que la valeur relative des pièces diminue, les consommateurs doivent donner plus de pièces en échange des mêmes biens et services qu'auparavant. Ces biens et services subiraient une augmentation de prix puisque la valeur de chaque pièce est réduite.

La Chine ancienne

La Chine de la dynastie Song a introduit la pratique de l'impression de papier-monnaie pour créer une monnaie fiduciaire. Pendant la dynastie mongole des Yuan, le gouvernement a dépensé beaucoup d'argent dans des guerres coûteuses et a réagi en imprimant davantage de monnaie, ce qui a entraîné une inflation. Craignant l'inflation qui sévissait sous la dynastie Yuan, la dynastie Ming a d'abord rejeté l'utilisation du papier-monnaie et est revenue à l'utilisation de pièces de cuivre.

L'Égypte médiévale

Lors du hajj à la Mecque en 1324, le roi malien Mansa Musa aurait été accompagné d'un train de chameaux comprenant des milliers de personnes et près de cent chameaux. Lors de son passage au Caire, il a dépensé ou donné tant d'or que son prix a baissé en Égypte pendant plus de dix ans, réduisant ainsi son pouvoir d'achat. Un historien arabe contemporain a fait cette remarque à propos de la visite de Mansa Musa :

L'or était à un prix élevé en Égypte jusqu'à leur arrivée cette année-là. Le mithqal ne descendait pas en dessous de 25 dirhams et était généralement au-dessus, mais à partir de ce moment-là, sa valeur a chuté et son prix a baissé et est resté bon marché jusqu'à présent. Le mithqal ne dépasse pas 22 dirhams ou moins. Tel a été l'état des choses depuis environ douze ans jusqu'à ce jour, à cause de la grande quantité d'or qu'ils ont apportée en Égypte et qu'ils y ont dépensée

La "révolution des prix" en Europe occidentale

De la seconde moitié du XVe siècle à la première moitié du XVIIe siècle, l'Europe occidentale a connu un important cycle inflationniste appelé "révolution des prix", les prix ayant été en moyenne multipliés par six en 150 ans. Ce phénomène est souvent attribué à l'afflux d'or et d'argent du Nouveau Monde vers l'Espagne des Habsbourg, la plus grande disponibilité de l'argent dans une Europe auparavant privée de liquidités provoquant une inflation généralisée. Le redressement de la population européenne après la peste noire a commencé avant l'arrivée du métal du Nouveau Monde, et a peut-être amorcé un processus d'inflation que l'argent du Nouveau Monde a aggravé plus tard au XVIe siècle.

Mesures

Étant donné qu'il existe de nombreuses mesures possibles du niveau des prix, il existe de nombreuses mesures possibles de l'inflation des prix. Le plus souvent, le terme "inflation" fait référence à une hausse d'un indice général des prix représentant le niveau général des prix des biens et services dans l'économie. L'indice des prix à la consommation (IPC), l'indice des prix des dépenses de consommation personnelle (IPCP) et le déflateur du PIB sont quelques exemples d'indices de prix larges. Toutefois, le terme "inflation" peut également être utilisé pour décrire une hausse du niveau des prix d'un ensemble plus restreint d'actifs, de biens ou de services au sein de l'économie, tels que les produits de base (y compris les denrées alimentaires, le carburant, les métaux), les actifs corporels (tels que les biens immobiliers), les actifs financiers (tels que les actions, les obligations), les services (tels que les loisirs et les soins de santé) ou la main-d'œuvre. Bien que l'on dise souvent de manière désinvolte que la valeur des biens d'équipement "gonfle", il ne faut pas confondre cette expression avec l'inflation en tant que terme défini ; une description plus précise de l'augmentation de la valeur d'un bien d'équipement est l'appréciation. Le FBI (CCI), l'indice des prix à la production, et l'indice des coûts de l'emploi (ICE) sont des exemples d'indices de prix étroits utilisés pour mesurer l'inflation des prix dans des secteurs particuliers de l'économie. L'inflation de base est une mesure de l'inflation pour un sous-ensemble de prix à la consommation qui exclut les prix de l'alimentation et de l'énergie, qui augmentent et diminuent plus que les autres prix à court terme. Le Conseil de la Réserve fédérale accorde une attention particulière au taux d'inflation de base afin d'obtenir une meilleure estimation des tendances futures de l'inflation globale à long terme.

Le taux d'inflation est le plus souvent calculé en déterminant le mouvement ou la variation d'un indice de prix, généralement l'indice des prix à la consommation.le taux d'inflation est le pourcentage de variation d'un indice de prix dans le temps. L'indice des prix de détail est également une mesure de l'inflation couramment utilisée au Royaume-Uni. Il est plus large que l'IPC et contient un plus grand panier de biens et de services.

Compte tenu de la forte inflation récente, l'IPR est révélateur de l'expérience d'un large éventail de types de ménages, en particulier les ménages à faibles revenus.

Pour illustrer la méthode de calcul, en janvier 2007, l'indice des prix à la consommation américain était de 202,416, et en janvier 2008, il était de 211,080. La formule permettant de calculer le taux d'inflation annuel en pourcentage de l'IPC au cours de l'année est la suivante : $\displaystyle \left(\frac{211.080 - 202.416}{202.416}\right)\times 100\% = 4.28\%$ Le taux d'inflation résultant pour l'IPC sur cette période d'un an est de 4,28 %, ce qui signifie que le niveau général des prix pour les consommateurs américains typiques a augmenté d'environ 4 % en 2007.

D'autres indices de prix largement utilisés pour calculer l'inflation des prix sont les suivants :

- **Les indices des prix à la production** (IPP) qui mesurent les variations moyennes des prix reçus par les producteurs nationaux pour leur production. Il diffère de l'IPC en ce sens que les subventions de prix, les bénéfices et les taxes peuvent faire en sorte que le montant reçu par le producteur diffère de ce que le consommateur a payé. Il y a aussi généralement un délai entre une augmentation de l'IPP et une éventuelle augmentation de l'IPC. L'indice des prix à la production mesure la pression exercée sur les producteurs par le coût de leurs matières premières. Cette pression peut être "répercutée" sur les consommateurs, ou être absorbée par les bénéfices, ou encore compensée par l'augmentation de la productivité. En Inde et aux États-Unis, une version antérieure de l'IPP était appelée l'indice des prix de gros.
- **Les indices des prix des produits de base**, qui mesurent le prix d'une sélection de produits de base. Dans le présent document, les indices des prix des produits de base sont pondérés en fonction de

l'importance relative de leurs composantes dans le coût "global" d'un employé.

- **Indices des prix de base** : comme les prix des denrées alimentaires et du pétrole peuvent changer rapidement en raison des modifications des conditions de l'offre et de la demande sur les marchés des denrées alimentaires et du pétrole, il peut être difficile de détecter la tendance à long terme des niveaux de prix lorsque ces prix sont inclus. C'est pourquoi la plupart des agences statistiques publient également une mesure de l'"inflation de base", qui élimine les composantes les plus volatiles (telles que les denrées alimentaires et le pétrole) d'un indice des prix large comme l'IPC. L'inflation de base étant moins affectée par les conditions de l'offre et de la demande à court terme sur des marchés spécifiques, les banques centrales s'appuient sur elle pour mieux mesurer l'effet inflationniste de la politique monétaire actuelle.

Les autres mesures courantes de l'inflation sont les suivantes :

- **Le déflateur du PIB** est une mesure du prix de tous les biens et services inclus dans le produit intérieur brut (PIB). Le département du commerce américain publie une série de déflateurs pour le PIB américain, définie comme la mesure du PIB nominal divisée par la mesure du PIB réel.

$$\therefore {\displaystyle {\mbox{GDP Deflator}}={\frac {\mbox{Nominal GDP}}{\mbox{Real GDP}}}}$$

- **Inflation régionale** Le Bureau of Labor Statistics ventile les calculs de l'IPC-U en fonction des différentes régions des États-Unis.
- **Inflation historique** Avant que la collecte de données économétriques cohérentes ne devienne la norme pour les gouvernements, et dans le but de comparer des niveaux de vie absolus plutôt que relatifs, divers économistes ont calculé des chiffres d'inflation imputés. La plupart des données sur l'inflation

avant le début du 20e siècle est imputée sur la base des coûts connus des biens, plutôt que compilée à l'époque. Elle est également utilisée pour ajuster les différences de niveau de vie réel en fonction de la présence de la technologie.

- **L'inflation des prix des actifs** est une augmentation indue des prix des actifs réels ou financiers, tels que les actions et les biens immobiliers. Bien qu'il n'existe pas d'indice largement accepté de ce type, certains banquiers centraux ont suggéré qu'il serait préférable de viser à stabiliser une mesure plus large de l'inflation du niveau général des prix qui inclut certains prix d'actifs, au lieu de stabiliser uniquement l'IPC ou l'inflation de base. La raison en est qu'en augmentant les taux d'intérêt lorsque les prix des actions ou de l'immobilier augmentent, et en les abaissant lorsque ces prix baissent, les banques centrales pourraient mieux réussir à éviter les bulles et les effondrements des prix des actifs.

Questions relatives à la mesure

Pour mesurer l'inflation dans une économie, il faut disposer de moyens objectifs permettant de différencier les variations des prix nominaux sur un ensemble commun de biens et de services, et de les distinguer des variations de prix résultant de changements de valeur tels que le volume, la qualité ou la performance. Par exemple, si le prix d'une boîte de maïs passe de 0,90 $ à 1,00 $ au cours d'une année, sans changement de qualité, cette différence de prix représente l'inflation. Cette seule variation de prix ne représente toutefois pas l'inflation générale d'une économie globale. Pour mesurer l'inflation générale, on mesure la variation des prix d'un grand "panier" de biens et de services représentatifs. C'est l'objet d'un indice des prix, qui est le prix combiné d'un "panier" de nombreux biens et services. Le prix combiné est la somme des prix pondérés des articles du "panier". Un prix pondéré est calculé en multipliant le prix unitaire d'un article par le nombre de cet article que le consommateur moyen achète. Le prix pondéré est un moyen nécessaire pour mesurer l'effet des variations des prix unitaires individuels sur l'inflation globale de l'économie. L'indice des prix à la consommation, par exemple, utilise des données recueillies par des enquêtes auprès des ménages pour déterminer la proportion des dépenses globales du consommateur type consacrée à des biens et services spécifiques, et pondère les prix moyens de ces articles en conséquence. Ces prix moyens pondérés sont combinés pour calculer le prix global. Pour mieux rendre compte des variations de prix dans le temps, les indices choisissent généralement un prix "année de base" et lui attribuent une valeur de 100.

Les prix des indices des années suivantes sont ensuite exprimés par rapport au prix de l'année de base. En comparant les mesures de l'inflation pour différentes périodes, il faut également tenir compte de l'effet de base.

Les mesures de l'inflation sont souvent modifiées au fil du temps, soit pour le poids relatif des biens dans le panier, soit dans la manière dont les biens et services du présent sont comparés aux biens et services du passé. Les poids du panier sont mis à jour régulièrement, généralement chaque année, pour s'adapter aux changements de comportement des consommateurs. Des changements soudains dans le comportement des consommateurs peuvent toujours introduire un biais de pondération dans la mesure de l'inflation. Par exemple, pendant la pandémie de COVID-19, il a été démontré que le panier de biens et de services n'était plus représentatif de la consommation pendant la crise, car de nombreux biens et services ne pouvaient plus être consommés en raison des mesures de confinement prises par les gouvernements ("lockdowns").

Au fil du temps, des ajustements sont également apportés au type de biens et de services sélectionnés pour refléter les changements dans les types de biens et de services achetés par les "consommateurs types". De nouveaux produits peuvent être introduits, des produits plus anciens peuvent disparaître, la qualité des produits existants peut changer et les préférences des consommateurs peuvent évoluer. Tant les types de biens et de services qui sont inclus dans le "panier" que le prix pondéré utilisé dans les mesures de l'inflation seront modifiés au fil du temps pour suivre l'évolution du marché. Différents segments de la population peuvent naturellement consommer différents "paniers" de biens et de services et peuvent même connaître différents taux d'inflation. Certains affirment que les entreprises ont fait preuve de plus d'innovation pour faire baisser les prix pour les familles aisées que pour les familles pauvres.

Les chiffres de l'inflation sont souvent corrigés des variations saisonnières pour différencier les variations cycliques des coûts. Par exemple, on s'attend à ce que les coûts de chauffage domestique augmentent pendant les mois les plus froids, et les ajustements saisonniers sont souvent utilisés lors de la mesure de l'inflation pour compenser les pics cycliques de l'énergie ou du carburant.

demande. Les chiffres de l'inflation peuvent être moyennés ou soumis à des techniques statistiques pour éliminer le bruit statistique et la volatilité des prix individuels.

Lorsqu'elles examinent l'inflation, les institutions économiques peuvent se concentrer uniquement sur certains types de prix, ou des *indices spéciaux*, comme l'indice d'inflation de base qui est utilisé par les banques centrales pour formuler leur politique monétaire.

La plupart des indices d'inflation sont calculés à partir de moyennes pondérées de certains changements de prix. Cela introduit nécessairement une distorsion et peut donner lieu à des litiges légitimes sur le véritable taux d'inflation. Ce problème peut être résolu en incluant tous les changements de prix disponibles dans le calcul, puis en choisissant la valeur médiane. Dans d'autres cas, les gouvernements peuvent délibérément faire état de taux d'inflation erronés ; par exemple, pendant la présidence de Cristina Kirchner (2007-2015), le gouvernement argentin a été critiqué pour avoir manipulé les données économiques, telles que les chiffres de l'inflation et du PIB, à des fins politiques et pour réduire les paiements sur sa dette indexée sur l'inflation.

Attentes en matière d'inflation

Les anticipations d'inflation ou l'inflation attendue sont le taux d'inflation qui est prévu pour une certaine période dans un avenir prévisible. Il existe deux grandes approches pour modéliser la formation des anticipations d'inflation. Les attentes adaptatives les modélisent comme une moyenne pondérée de ce qui était attendu une période plus tôt et du taux d'inflation réel le plus récent. Les anticipations rationnelles les modélisent comme non biaisées, en ce sens que le taux d'inflation attendu n'est pas systématiquement supérieur ou inférieur au taux d'inflation réel.

Une enquête de longue date sur les anticipations d'inflation est celle de l'Université du Michigan.

Les anticipations d'inflation affectent l'économie de plusieurs manières. Elles sont plus ou moins intégrées dans les taux d'intérêt nominaux, de sorte qu'une hausse (ou une baisse) du taux d'inflation attendu se traduira généralement par une hausse (ou une baisse) des taux d'intérêt nominaux, avec un effet moindre, le cas échéant, sur les taux d'intérêt réels. En outre, une hausse de l'inflation attendue tend à être intégrée dans le taux d'augmentation des salaires, ce qui a un effet moindre, le cas échéant, sur les variations des salaires réels. En outre, la réaction des anticipations inflationnistes à la politique monétaire peut influencer la répartition des effets de la politique entre l'inflation et le chômage (voir Crédibilité de la politique monétaire).

Causes

De nombreux ouvrages économiques ont abordé la question des causes et des effets de l'inflation. Les écoles de pensée sur le sujet ont été nombreuses et variées. Depuis les années 1920, elles peuvent être divisées en deux grands groupes.

Point de vue monétariste

Les monétaristes pensent que le facteur le plus important qui influence l'inflation ou la déflation est la vitesse à laquelle la masse monétaire augmente ou diminue. Ils considèrent que la politique fiscale, ou les dépenses publiques et la fiscalité, sont inefficaces pour contrôler l'inflation. Le célèbre économiste monétariste Milton Friedman a déclaré : *"L'inflation est toujours et partout un phénomène monétaire."*

Les monétaristes affirment que l'étude empirique de l'histoire monétaire montre que l'inflation a toujours été un phénomène monétaire. La théorie quantitative de la monnaie, en termes simples, affirme que tout changement de la quantité de monnaie dans un système modifiera le niveau des prix. Cette théorie commence par l'équation d'échange :

$$MV=PQ$$

où

M est la quantité nominale de monnaie ;

V est la vélocité de la monnaie dans les dépenses finales ;

P est le niveau général des prix ;

Q est un indice de la valeur réelle des dépenses finales ;

Dans cette formule, le niveau général des prix est lié au niveau de l'activité économique réelle (Q), à la quantité de monnaie (M) et à la vitesse de circulation de la monnaie (V). La formule est une identité car la vitesse de circulation de la monnaie (V) est définie comme étant le rapport entre la dépense nominale finale (PQ) et la quantité de monnaie (M).

Les monétaristes supposent que la vitesse de circulation de la monnaie n'est pas affectée par la politique monétaire (du moins à long terme) et que la valeur réelle de la production est déterminée à long terme par la capacité de production de l'économie. Dans ces hypothèses, le principal moteur de la variation du niveau général des prix est la variation de la quantité de monnaie. Avec une vitesse exogène (c'est-à-dire une vitesse déterminée de l'extérieur et non influencée par la politique monétaire), la masse monétaire détermine la valeur de la production nominale (qui correspond à la dépense finale) à court terme.

Dans la pratique, la vitesse de circulation n'est pas exogène à court terme, et la formule n'implique donc pas nécessairement une relation stable à court terme entre la masse monétaire et la production nominale. Cependant, à long terme, les changements de vitesse sont supposés être déterminés par l'évolution du mécanisme de paiement. Si la vélocité est relativement peu affectée par la politique monétaire, le taux d'augmentation des prix à long terme (le taux d'inflation) est égal au taux de croissance à long terme de la masse monétaire plus le taux exogène de croissance à long terme de la vélocité moins le taux de croissance à long terme de la production réelle.

La vision keynésienne

L'économie keynésienne propose que les variations de la masse monétaire n'affectent pas directement les prix à court terme, et que l'inflation visible est le résultat des pressions de la demande dans l'économie qui s'expriment dans les prix.

Il existe trois sources principales d'inflation, dans le cadre de ce que Robert J. Gordon appelle le "modèle du triangle":

- *L'inflation par la demande* est causée par une augmentation de la demande globale due à une hausse des dépenses privées et publiques, etc. L'inflation par la demande encourage la croissance économique puisque la demande excédentaire et les conditions de marché favorables stimuleront l'investissement et l'expansion.
- *L'inflation par les coûts*, également appelée "inflation par choc d'offre", est causée par une baisse de l'offre globale (production potentielle). Cela peut être dû à des catastrophes naturelles, à une guerre ou à une augmentation des prix des intrants. Par exemple, une diminution soudaine de l'offre de pétrole, entraînant une hausse des prix du pétrole, peut provoquer une inflation par les coûts. Les producteurs pour lesquels le pétrole fait partie de leurs coûts pourraient alors répercuter cette hausse sur les consommateurs sous la forme d'une augmentation des prix. Un autre exemple est celui des pertes assurées élevées et inattendues, qu'elles soient légitimes (catastrophes) ou frauduleuses (ce qui peut être particulièrement fréquent en période de récession). Une inflation élevée peut inciter les salariés à demander des augmentations de salaire

rapides, afin de suivre l'évolution des prix à la consommation. Dans la théorie de l'inflation par les coûts, la hausse des salaires peut à son tour contribuer à alimenter l'inflation. Dans le cas des négociations collectives, la croissance des salaires sera fixée en fonction des attentes inflationnistes, qui seront plus élevées lorsque l'inflation est élevée. Cela peut entraîner une spirale salariale. En un sens, l'inflation engendre d'autres attentes inflationnistes, qui engendrent à leur tour de l'inflation.

- L'inflation intrinsèque est induite par des attentes adaptatives et est souvent liée à la "spirale prix/salaires". Elle implique que les travailleurs essaient de maintenir leurs salaires au niveau des prix (au-dessus du taux d'inflation), et que les entreprises répercutent ces coûts de main-d'œuvre plus élevés sur leurs clients sous la forme d'une hausse des prix.

les prix, ce qui entraîne une boucle de rétroaction. L'inflation intégrée reflète les événements du passé et peut donc être considérée comme une inflation de la gueule de bois.

Selon la théorie de l'attraction de la demande, l'inflation s'accélère lorsque la demande globale augmente au-delà de la capacité de production de l'économie (sa production potentielle). Par conséquent, tout facteur qui augmente la demande globale peut provoquer l'inflation. Toutefois, à long terme, la demande globale ne peut être maintenue au-dessus de la capacité de production qu'en augmentant la quantité de monnaie en circulation plus rapidement que le taux de croissance réel de l'économie. Une autre cause (bien que beaucoup moins fréquente) peut être une baisse rapide de la *demande* de monnaie, comme cela s'est produit en Europe pendant la peste noire, ou dans les territoires occupés par le Japon juste avant la défaite du Japon en 1945.

L'effet de la monnaie sur l'inflation est le plus évident lorsque les gouvernements financent les dépenses en cas de crise, comme une guerre civile, en imprimant de la monnaie de manière excessive. Cela conduit parfois à l'hyperinflation, une situation où les prix peuvent doubler en un mois ou même quotidiennement.

On 32ateo également que la masse monétaire joue un rôle majeur dans la détermination des niveaux modérés d'inflation, bien qu'il existe des divergences d'opinion quant à son importance. Par exemple, les économistes monétaristes estiment que ce lien est très fort ; les économistes keynésiens, en revanche, mettent généralement l'accent sur le rôle de la demande globale dans l'économie plutôt que sur la masse monétaire pour déterminer l'inflation. Autrement dit, pour les keynésiens, la masse monétaire n'est qu'un des déterminants de la demande globale.

Certains économistes keynésiens sont également en désaccord avec l'idée que les banques centrales contrôlent entièrement la masse monétaire, arguant que les banques centrales n'ont que peu de contrôle, puisque la masse monétaire s'adapte à la demande de crédits bancaires émis par les banques 32ateo f32nda. C'est ce que l'on appelle la théorie de la monnaie endogène, qui a été fortement défendue par les post-keynésiens dès les années 1960. Cette position n'est pas universellement acceptée : les banques créent de la monnaie en accordant des prêts, mais le 32ateo f global de ces prêts diminue lorsque les taux d'intérêt réels augmentent. Ainsi, les banques centrales peuvent influencer la masse monétaire en rendant l'argent moins cher ou plus cher, augmentant ou diminuant ainsi sa production.

Un concept 33ateo f33nda dans l'analyse de l'inflation est la relation entre l'inflation et le chômage, appelée courbe de Phillips. Ce modèle suggère qu'il existe un compromis entre la stabilité des 33ate et l'emploi. Par conséquent, un certain niveau d'inflation peut être considéré comme souhaitable pour minimiser le chômage. Le modèle de la courbe de Phillips a bien décrit l'expérience des États-Unis dans les années 1960, mais n'a pas réussi à décrire la stagflation vécue dans les années 1970. Ainsi, la macroéconomie moderne décrit l'inflation à l'aide d'une courbe de Phillips qui peut se déplacer en raison de facteurs tels que les chocs d'offre et l'inflation structurelle. Le premier fait référence à des événements tels que la crise pétrolière de 1973, tandis que le second fait référence à la spirale 33ate/salaires et aux attentes inflationnistes, ce qui implique que l'inflation est la nouvelle normalité. Ainsi, la courbe de Phillips ne représente que la composante de la demande du modèle triangulaire.

Un autre concept à noter est la production potentielle (parfois appelée "produit intérieur brut 34ateo f"), un niveau de PIB, où l'économie est à son niveau optimal de production compte tenu des contraintes institutionnelles et naturelles. (Ce niveau de production 34ateo f34nda u taux de chômage sans accélération de l'inflation, NAIRU, ou au taux de chômage "naturel" ou au taux de chômage de plein emploi). Si le PIB dépasse son niveau potentiel (et que le chômage est inférieur au NAIRU), la théorie dit que l'inflation va *s'accélérer* car les fournisseurs augmentent leurs 34ate et l'inflation intégrée s'aggrave. Si le PIB tombe en dessous de son niveau potentiel (et que le chômage est supérieur au NAIRU), l'inflation *ralentira* car les fournisseurs tenteront de combler les capacités excédentaires, en réduisant leurs 34ate et en sapant l'inflation intrinsèque.

Cependant, l'un des problèmes de cette théorie à des fins d'élaboration de politiques est que le niveau exact de la production potentielle (et du NAIRU) est généralement inconnu et a tendance à changer au fil du temps. L'inflation semble également agir de manière asymétrique, augmentant plus rapidement qu'elle ne diminue. Elle peut changer en raison de la politique menée : par exemple, le chômage élevé sous le Premier ministre britannique Margaret Thatcher a pu entraîner une hausse du NAIRU (et une baisse du potentiel) parce que de nombreux chômeurs se sont retrouvés en situation de chômage structurel, incapables de trouver un emploi correspondant à leurs compétences. Une hausse du chômage structurel

Le chômage implique qu'un pourcentage plus faible de la population active peut trouver un emploi au NAIRU, où l'économie évite de franchir le seuil de l'accélération de l'inflation.

Chômage

Un lien entre l'inflation et le chômage a été établi depuis l'apparition du chômage à grande échelle au 19ème siècle, et ce lien continue d'être établi aujourd'hui. Cependant, le taux de chômage n'affecte généralement l'inflation qu'à court terme, mais pas à long terme. Sur le long terme, la vitesse de circulation de la monnaie est bien plus prédictive de l'inflation qu'un faible taux de chômage.

Dans l'économie marxienne, les chômeurs servent d'armée de réserve de main-d'œuvre, ce qui limite l'inflation des salaires. Au Xxe siècle, les concepts similaires de l'économie keynésienne comprennent le NAIRU (Non Accelerating Inflation 35ateo f Unemployment) et la courbe de Phillips.

Profiter de la consolidation

L'inélasticité keynésienne des prix peut contribuer à l'inflation lorsque des entreprises se regroupent, ce qui tend à soutenir des conditions de monopole ou de monopsone tout au long de la chaîne d'approvisionnement en biens ou services.
Dans ce cas, les entreprises peuvent offrir une plus grande valeur pour les actionnaires en prélevant une plus grande partie des bénéfices qu'en investissant dans la fourniture de volumes plus importants de leurs produits.

La hausse des prix de l'essence et des autres combustibles fossiles au cours du premier trimestre de 2022 en est un exemple. Peu après que les chocs initiaux sur les prix de l'énergie causés par l'invasion de l'Ukraine par la Russie en 2022 se soient atténués, les compagnies pétrolières ont constaté que les contraintes de la chaîne d'approvisionnement, déjà exacerbées par la pandémie mondiale de COVID-19 en cours, favorisaient l'inélasticité des prix, c'est-à-dire qu'elles ont commencé à baisser leurs prix pour s'aligner sur le prix du pétrole lorsque celui-ci baissait beaucoup plus lentement qu'elles n'avaient augmenté leurs prix lorsque les coûts augmentaient. Les cinq plus grandes compagnies d'essence de Californie, Chevron Corporation, Marathon Petroleum, Valero Energy, PBF Energy et Phillips 66, responsables de 96 % du carburant de transport vendu dans l'État, ont toutes participé à ce comportement, récoltant des bénéfices au premier trimestre bien plus importants que tous leurs résultats trimestriels des années précédentes. Le 19 mai 2022, la Chambre des représentants des États-Unis a adopté un projet de loi visant à empêcher ce type de "gonflement des prix" en s'attaquant aux bénéfices exceptionnels qui en résultent, mais il est peu probable que ce projet de loi l'emporte face à l'opposition de la minorité au Sénat.

De même, au premier trimestre 2022, le géant de l'emballage de viande Tyson Foods s'est appuyé sur l'inélasticité à la baisse des prix du poulet emballé et des produits connexes pour augmenter ses bénéfices d'environ 500 millions de dollars, répondant à une augmentation de 1,5 milliard de dollars de ses coûts par des hausses de prix de près de 2 milliards de dollars. Les trois principaux concurrents de Tyson, n'ayant pratiquement aucune possibilité de rivaliser sur des prix plus bas parce que la constriction de la chaîne d'approvisionnement ne permettrait pas une augmentation des volumes, ont suivi le mouvement. Le trimestre de Tyson a été l'un des plus rentables, avec une augmentation de 38 % de sa marge d'exploitation.

Effet de la croissance économique

Si la croissance économique correspond à la croissance de la masse monétaire, l'inflation ne devrait pas se produire lorsque toutes les autres choses sont égales. Une grande variété de facteurs peut affecter le taux des deux. Par exemple, les investissements dans la production marchande, les infrastructures, l'éducation et les soins de santé préventifs peuvent tous faire croître une économie dans des proportions supérieures aux dépenses d'investissement.

La théorie des attentes rationnelles

Selon la théorie des anticipations rationnelles, les acteurs économiques se projettent
rationnellement dans l'avenir lorsqu'ils tentent de maximiser leur bien-être, et ne réagissent pas uniquement aux coûts d'opportunité et aux pressions immédiates. Dans cette optique, bien que généralement fondée sur le monétarisme, les attentes et les stratégies futures sont également importantes pour l'inflation.

L'une des principales affirmations de la théorie des anticipations rationnelles est que les acteurs chercheront à "éviter" les décisions de la banque centrale en agissant d'une manière qui répond aux prévisions d'une inflation plus élevée. Cela signifie que les banques centrales doivent établir leur crédibilité dans la lutte contre l'inflation, ou les acteurs économiques feront des paris sur le fait que la banque centrale augmentera la masse monétaire assez rapidement pour prévenir la récession, même au prix d'une exacerbation de l'inflation.

Ainsi, si une banque centrale a la réputation d'être " douce " en matière d'inflation, lorsqu'elle annonce une nouvelle politique de lutte contre l'inflation par une croissance monétaire restrictive, les agents économiques ne croiront pas que cette politique va perdurer ; leurs anticipations inflationnistes resteront élevées, et l'inflation aussi. En revanche, si la banque centrale a la réputation d'être "dure" à l'égard de l'inflation, une telle annonce sera crue et les attentes inflationnistes diminueront rapidement, ce qui permettra à l'inflation elle-même de diminuer rapidement avec un minimum de perturbations économiques.

Opinions hétérodoxes

En outre, il existe des théories sur l'inflation acceptées par des économistes en dehors du courant dominant.

Vue d'Autriche

L'école autrichienne souligne que l'inflation n'est pas uniforme pour tous les actifs, biens et services. L'inflation dépend des différences entre les marchés et de l'endroit où l'argent et le crédit nouvellement créés entrent dans l'économie. Ludwig von Mises a déclaré que l'inflation devrait se référer à une augmentation de la quantité de monnaie, qui n'est pas compensée par une augmentation correspondante du besoin de monnaie, et que l'inflation des prix suivra nécessairement, laissant toujours une nation plus pauvre.

Doctrine des factures réelles

La doctrine des bons réels (RBD) affirme que les banques doivent émettre leur monnaie en échange de bons réels à court terme d'une valeur adéquate. Tant que les banques n'émettent un dollar qu'en échange d'actifs valant au moins un dollar, les actifs de la banque émettrice évolueront naturellement au rythme de son émission de monnaie, et la monnaie conservera sa valeur. Si la banque ne parvient pas à obtenir ou à maintenir des actifs d'une valeur adéquate, l'argent de la banque perdra de sa valeur, tout comme n'importe quel titre financier perdra de sa valeur si son support d'actifs diminue. La doctrine des billets réels (également connue sous le nom de théorie de l'adossement) affirme donc que l'inflation se produit lorsque la monnaie dépasse les actifs de son émetteur. La théorie quantitative de la monnaie, en revanche, affirme que l'inflation se produit lorsque la monnaie dépasse la production de biens de l'économie.

Les écoles économiques de la monnaie et de la banque soutiennent la théorie RBD, selon laquelle les banques devraient également être en mesure d'émettre de la monnaie contre des effets de commerce, c'est-à-dire des "vrais effets" qu'elles achètent aux marchands. Cette théorie a joué un rôle important au 19e siècle dans les débats entre les écoles "bancaire" et "monétaire" sur la solidité monétaire, et dans la formation de la Réserve fédérale. Dans le sillage de l'effondrement de l'étalon-or international après 1913 et de l'évolution vers le financement déficitaire des gouvernements, la théorie de l'étalon-or est restée un sujet mineur, présentant principalement un intérêt dans des contextes limités, comme les caisses d'émission. Elle est aujourd'hui généralement mal considérée, Frederic Mishkin, un gouverneur de la Réserve fédérale, allant jusqu'à dire qu'elle avait été "complètement discréditée".

Le débat entre la théorie de la monnaie, ou théorie de la quantité, et les écoles bancaires au cours du XIXe siècle préfigure les questions actuelles sur la crédibilité de la monnaie. Au XIXe siècle, les écoles bancaires avaient une plus grande influence sur la politique des États-Unis et de la Grande-Bretagne, tandis que les écoles monétaires avaient plus d'influence "sur le continent", c'est-à-dire dans les pays non britanniques, notamment dans l'Union monétaire latine et l'Union monétaire scandinave.

En 2019, les historiens monétaires Thomas M. Humphrey et Richard H. Timberlake ont publié "Gold, the Real Bills Doctrine, and the Fed : Sources of Monetary Disorder 1922-1938".

Effets de l'inflation

Effet général

L'inflation est la diminution du pouvoir d'achat d'une monnaie. Autrement dit, lorsque le niveau général des prix augmente, chaque unité monétaire peut acheter moins de biens et de services au total. L'effet de l'inflation diffère selon les secteurs de l'économie, certains secteurs étant affectés négativement tandis que d'autres en bénéficient. Par exemple, dans le cas de l'inflation, les segments de la société qui possèdent des actifs physiques, tels que des biens immobiliers, des actions, etc. Leur capacité à le faire dépendra de la mesure dans laquelle leur revenu est fixe. Par exemple, les augmentations des paiements aux travailleurs et aux retraités sont souvent inférieures à l'inflation, et pour certaines personnes, le revenu est fixe. De même, les personnes ou les institutions qui possèdent des liquidités verront le pouvoir d'achat de ces dernières diminuer. Les augmentations du niveau des prix (inflation) érodent la valeur réelle de l'argent (la monnaie fonctionnelle) et d'autres éléments ayant une nature monétaire sousjacente.

Les débiteurs dont les dettes sont assorties d'un taux d'intérêt nominal fixe verront le taux d'intérêt "réel" diminuer à mesure que le taux d'inflation augmente. L'intérêt réel d'un prêt est le taux nominal moins le taux d'inflation. La formule $R = N-I$ donne approximativement la bonne réponse tant que le taux d'intérêt nominal et le taux d'inflation sont faibles. L'équation correcte est $r = n/i$ où r, n et i sont exprimés sous forme de ratios (par exemple, 1,2 pour +20%, 0,8 pour 20%). À titre d'exemple, lorsque le taux d'inflation est de 3 %, un prêt dont le taux d'intérêt nominal est de 5 % aura un taux d'intérêt réel d'environ 2 % (en fait, il est de 1,94 %). Toute augmentation inattendue du taux d'inflation fait baisser le taux d'intérêt réel. Les banques et autres prêteurs s'adaptent à ce risque d'inflation soit en incluant une prime de risque d'inflation aux prêts à taux d'intérêt fixe, soit en prêtant à un taux ajustable.

Négatif

Les taux d'inflation élevés ou imprévisibles sont considérés comme nuisibles à l'économie dans son ensemble. Ils ajoutent des inefficacités sur le marché et rendent difficile la budgétisation ou la planification à long terme des entreprises.

L'inflation peut constituer un frein à la productivité, car les entreprises sont obligées de déplacer leurs ressources des produits et services pour se concentrer sur les bénéfices et les pertes dues à l'inflation monétaire. L'incertitude quant au futur pouvoir d'achat de la monnaie décourage l'investissement et l'épargne. L'inflation peut également imposer des augmentations d'impôts cachées. Par exemple, les gains gonflés poussent les contribuables vers des taux d'imposition plus élevés, à moins que les tranches d'imposition ne soient indexées sur l'inflation.

En cas d'inflation élevée, le pouvoir d'achat est redistribué des personnes disposant de revenus nominaux fixes, comme certains retraités dont les pensions ne sont pas indexées sur le niveau des prix, vers les personnes à revenus variables dont les gains peuvent mieux suivre l'inflation. Cette redistribution du pouvoir d'achat se produira également entre les partenaires commerciaux internationaux. Lorsque des taux de change fixes sont imposés, une inflation plus élevée dans une économie que dans une autre entraînera un renchérissement des exportations de la première économie et affectera la balance commerciale. Il peut également y avoir des effets négatifs sur le commerce en raison d'une instabilité accrue des prix de change des devises causée par une inflation imprévisible.

Accumulation

Les gens achètent des produits durables et/ou non périssables et d'autres biens comme réserves de richesse, afin d'éviter les pertes attendues de la baisse du pouvoir d'achat de la monnaie, créant des pénuries des biens thésaurisés.

Agitation sociale et révoltes

L'inflation peut entraîner des manifestations et des révolutions massives. Par exemple, l'inflation, et en particulier l'inflation alimentaire, est considérée comme l'une des principales raisons qui ont provoqué la révolution tunisienne de 2010-2011 et la révolution égyptienne de 2011, selon de nombreux observateurs, dont Robert Zoellick, président de la Banque mondiale. Le président tunisien Zine El Abidine Ben Ali a été évincé, le président égyptien Hosni Moubarak a également été évincé après seulement 18 ans de pouvoir.

jours de manifestations, et les protestations se sont rapidement répandues dans de nombreux pays d'Afrique du Nord et du Moyen-Orient.

Hyperinflation

Si l'inflation devient trop élevée, elle peut amener les gens à réduire fortement leur utilisation de la monnaie, ce qui entraîne une accélération du taux d'inflation. Une inflation élevée et accélérée perturbe gravement le fonctionnement normal de l'économie et nuit à sa capacité à fournir des biens. L'hyperinflation peut conduire à l'abandon de l'utilisation de la monnaie du pays (par exemple, comme en Corée du Nord) et à l'adoption d'une monnaie externe (dollarisation).

Efficacité allocative

Un changement dans l'offre ou la demande d'un bien entraîne normalement une modification de son prix relatif, signalant aux acheteurs et aux vendeurs qu'ils doivent réaffecter leurs ressources en fonction des nouvelles conditions du marché. Mais lorsque les prix changent constamment en raison de l'inflation, les changements de prix dus à de véritables signaux de prix relatifs sont difficiles à distinguer des changements de prix dus à l'inflation générale, de sorte que les agents sont lents à y répondre. Il en résulte une perte d'efficacité allocative.

Coût du cuir des chaussures

Une inflation élevée augmente le coût d'opportunité de la détention de liquidités et peut inciter les gens à détenir une plus grande partie de leurs actifs sur des comptes rémunérés. Cependant, étant donné que des espèces sont toujours nécessaires pour effectuer des transactions, cela signifie que davantage de "voyages à la banque" sont nécessaires pour effectuer des retraits, usant proverbialement le "cuir de la chaussure" à chaque voyage.

Coût des menus

Dans un contexte d'inflation élevée, les entreprises doivent souvent modifier leurs prix pour s'adapter à l'évolution de l'économie. Mais souvent, changer les prix est en soi une activité coûteuse, que ce soit explicitement, comme dans le cas de la nécessité d'imprimer de nouveaux menus, ou implicitement, comme dans le cas du temps et des efforts supplémentaires nécessaires pour modifier constamment les prix.

Taxe

L'inflation sert de taxe cachée sur les avoirs en devises.

Positif

Adaptation du marché du travail

> Les salaires nominaux sont lents à s'ajuster à la baisse. Cela peut entraîner un déséquilibre prolongé et un chômage élevé sur le marché du travail. Comme l'inflation permet aux salaires réels de baisser même si les salaires nominaux restent constants, une inflation modérée permet aux marchés du travail d'atteindre l'équilibre plus rapidement.

Une marge de manœuvre

> Les principaux outils de contrôle de la masse monétaire sont la capacité de fixer le taux d'escompte, c'est-à-dire le taux auquel les banques peuvent emprunter à la banque centrale, et les opérations d'open market, qui sont les interventions de la banque centrale sur le marché des obligations dans le but d'influer sur le taux d'intérêt nominal. Si une économie se trouve en récession avec des taux d'intérêt nominaux déjà bas, voire nuls, la banque ne peut pas réduire davantage ces taux (puisque des taux d'intérêt nominaux négatifs sont impossibles) pour stimuler l'économie - cette situation est connue sous le nom de piège à liquidités.

effet Mundell-Tobin

Selon l'effet Mundell-Tobin, une augmentation de l'inflation entraîne une augmentation de l'investissement en capital, ce qui entraîne une augmentation de la croissance : : Le lauréat du prix Nobel Robert Mundell a noté qu'une inflation modérée inciterait les épargnants à substituer le prêt à une partie de la détention d'argent comme moyen de financer les dépenses futures. Cette substitution entraînerait une baisse des taux d'intérêt réels de compensation du marché. La baisse du taux d'intérêt réel inciterait à emprunter davantage pour financer l'investissement. Dans le même ordre d'idées, le lauréat du prix Nobel James Tobin a noté qu'une telle inflation amènerait les entreprises à substituer les investissements en capital physique (usines, équipements et stocks) aux encaisses monétaires dans leurs portefeuilles d'actifs. Cette substitution impliquerait de choisir de réaliser des investissements dont les taux de rendement réels sont plus faibles. (Les taux de rendement sont plus faibles parce que les investissements à taux de rendement plus élevés étaient déjà réalisés auparavant). Ces deux effets connexes sont connus sous le nom d'effet Mundell-Tobin.

À moins que l'économie ne soit déjà surinvestie selon les modèles de la théorie de la croissance économique, cet investissement supplémentaire résultant de l'effet serait considéré comme positif.

Instabilité avec la déflation

L'économiste S.C. Tsiang a noté qu'une fois qu'une déflation substantielle est attendue, deux effets importants apparaîtront, tous deux résultant du fait que la détention d'argent se substitue au prêt en tant que véhicule d'épargne. Le premier est que la chute continue des prix et l'incitation à la thésaurisation qui en résulte provoqueront une instabilité résultant de la crainte probablement croissante, alors que les réserves d'argent prennent de la valeur, que la valeur de ces réserves soit menacée, car les gens réalisent qu'un mouvement visant à échanger ces réserves d'argent contre des biens et des actifs réels fera rapidement grimper ces prix. Tout mouvement visant à dépenser ces réserves "une fois lancé, deviendrait une formidable avalanche, qui pourrait se déchaîner pendant longtemps avant de se dépenser elle-même".

Ainsi, un régime de déflation à long terme est susceptible d'être interrompu par des pics périodiques d'inflation rapide et les perturbations économiques réelles qui en découlent. Le deuxième effet relevé par Tsiang est que lorsque les épargnants ont remplacé la détention d'argent par des prêts sur les marchés financiers, le rôle de ces marchés dans la canalisation de l'épargne vers l'investissement est miné. Avec des taux d'intérêt nominaux ramenés à zéro, ou presque, du fait de la concurrence avec un actif monétaire à haut rendement, il n'y aurait plus de mécanisme de prix sur ce qui reste de ces marchés. Avec des marchés financiers effectivement euthanasiés, les prix des biens et des actifs physiques restants évolueraient dans des directions perverses. Par exemple, un désir accru d'épargner ne pourrait pas faire baisser davantage les taux d'intérêt (et donc stimuler l'investissement), mais provoquerait au contraire une thésaurisation supplémentaire de l'argent, faisant baisser davantage les prix à la consommation et rendant ainsi moins attractifs les investissements dans la production de biens de consommation. Une inflation modérée, une fois que son anticipation est incorporée dans les taux d'intérêt nominaux, permettrait à ces taux d'intérêt de varier à la hausse et à la baisse en fonction de l'évolution des opportunités d'investissement ou des préférences des épargnants, et permettrait ainsi aux marchés financiers de fonctionner de manière plus normale.

Indemnité de cherté de vie

Le pouvoir d'achat réel des paiements fixes est érodé par l'inflation, à moins qu'ils ne soient ajustés pour que leur valeur réelle reste constante. Dans de nombreux pays, les contrats de travail, les prestations de retraite et les prestations publiques (telles que la sécurité sociale) sont liés à un indice du coût de la vie, généralement à l'indice des prix à la consommation. Un *ajustement du coût de la vie* (COLA) ajuste les salaires en fonction des variations d'un indice du coût de la vie. Il ne contrôle pas l'inflation, mais cherche plutôt à atténuer les conséquences de l'inflation pour les personnes à revenu fixe. Les salaires sont généralement ajustés chaque année dans les économies à faible inflation. En cas d'hyperinflation, ils sont ajustés plus souvent. Ils peuvent également être liés à un indice du coût de la vie qui varie en fonction du lieu géographique si l'employé déménage.

Les clauses d'indexation annuelle dans les contrats de travail peuvent spécifier des augmentations rétroactives ou futures en pourcentage de la rémunération des travailleurs qui ne sont pas liées à un indice. Ces augmentations négociées de la rémunération sont familièrement appelées ajustements du coût de la vie ("COLA") ou augmentations du coût de la vie en raison de leur similitude avec les augmentations liées à des indices déterminés de l'extérieur.

Maîtriser l'inflation

Politique monétaire

La politique monétaire est la politique mise en œuvre par les autorités monétaires (le plus souvent la banque centrale d'un pays) pour contrôler le taux d'intérêt - ou l'équivalent de la masse monétaire - afin de maîtriser l'inflation et d'assurer la stabilité des prix. Des taux d'intérêt plus élevés réduisent la masse monétaire de l'économie car moins de personnes cherchent à emprunter. Lorsque les banques accordent des prêts, le produit de ces prêts est généralement déposé sur des comptes bancaires qui font partie de la masse monétaire, augmentant ainsi celleci. Lorsque les banques accordent moins de prêts, le montant des dépôts bancaires et donc la masse monétaire diminuent. Par exemple, au début des années 1980, lorsque le taux des fonds fédéraux américains dépassait 15 %, la quantité de dollars de la Réserve fédérale a diminué de 8,1 %, passant de 8,6 billions de dollars à 7,9 billions de dollars.

Dans la seconde moitié du XXe siècle, les keynésiens et les monétaristes ont débattu de l'instrument approprié à utiliser pour contrôler l'inflation. Les monétaristes mettent l'accent sur un taux de croissance faible et régulier de la masse monétaire, tandis que les keynésiens insistent sur le contrôle de la demande globale, en réduisant la demande pendant les périodes d'expansion économique et en l'augmentant pendant les récessions afin de maintenir l'inflation stable. Le contrôle de la demande globale peut être réalisé en utilisant soit la politique monétaire, soit la politique fiscale (augmentation des impôts ou réduction des dépenses publiques pour réduire la demande). Depuis les années 1980, la plupart des pays se sont principalement appuyés sur la politique monétaire pour contrôler l'inflation. Lorsque l'inflation dépasse un niveau acceptable, la banque centrale du pays augmente le taux d'intérêt, ce qui tend à ralentir la croissance économique et l'inflation. Certaines banques centrales ont un objectif d'inflation symétrique, tandis que d'autres ne réagissent que lorsque l'inflation dépasse un certain seuil.

Au XXIe siècle, la plupart des économistes sont favorables à un taux d'inflation faible et régulier. Dans la plupart des pays, les banques centrales ou autres autorités monétaires sont chargées de maintenir les taux d'intérêt et les prix stables et l'inflation proche d'un taux cible. Ces cibles d'inflation peuvent être rendues publiques ou non. Dans la plupart des pays de l'OCDE, l'objectif d'inflation se situe généralement entre 2 et 3 %. Les banques centrales visent un taux d'inflation faible parce qu'elles estiment qu'une inflation élevée est économiquement coûteuse car elle créerait une incertitude sur les différences de prix relatifs et sur le taux d'inflation lui-même. On vise un taux d'inflation positif faible plutôt qu'un taux nul ou négatif, car ce dernier pourrait provoquer ou aggraver des récessions ; une inflation faible (par opposition à une inflation nulle ou négative) réduit la gravité des récessions économiques en permettant au marché du travail de s'adapter plus rapidement en cas de ralentissement, et réduit le risque qu'un piège à liquidités empêche la politique monétaire de stabiliser l'économie.

Autres méthodes

Taux de change fixes

Dans un régime de change fixe, la valeur de la monnaie d'un pays est liée à une autre monnaie unique ou à un panier d'autres monnaies (ou parfois à une autre mesure de la valeur, comme l'or). Un taux de change fixe est généralement utilisé pour stabiliser la valeur d'une monnaie par rapport à la monnaie à laquelle elle est liée. Il peut également être utilisé comme un moyen de contrôler l'inflation. Toutefois, lorsque la valeur de la monnaie de référence augmente ou diminue, il en va de même pour la monnaie à laquelle elle est liée. Cela signifie essentiellement que le taux d'inflation dans le pays à taux de change fixe est déterminé par le taux d'inflation du pays auquel la monnaie est rattachée. En outre, un taux de change fixe empêche un gouvernement d'utiliser la politique monétaire nationale pour atteindre la stabilité macroéconomique.

Dans le cadre des accords de Bretton Woods, la plupart des pays du monde avaient des monnaies fixées par rapport au dollar américain. Cela limitait l'inflation dans ces pays, mais les exposait également au danger des attaques spéculatives. Après l'effondrement des accords de Bretton Woods au début des années 1970, les pays se sont progressivement tournés vers les taux de change flottants. Toutefois, à la fin du XXe siècle, certains pays sont revenus à un taux de change fixe dans le cadre d'une tentative de contrôle de l'inflation. Cette politique d'utilisation d'un taux de change fixe pour contrôler l'inflation a été utilisée dans de nombreux pays.

en Amérique du Sud à la fin du XXe siècle (par exemple en Argentine (1991-2002), en Bolivie, au Brésil, au Chili, au Pakistan, etc.)

l'étalon-or

L'étalon-or est un système monétaire dans lequel le moyen d'échange commun d'une région est constitué de billets de banque (ou autre jeton monétaire) qui sont normalement librement convertibles en quantités d'or fixes et prédéfinies. L'étalon précise la manière dont l'adossement à l'or est mis en œuvre, y compris la quantité de spécimen par unité monétaire. La monnaie ellemême n'a pas de *valeur intrinsèque*, mais elle est acceptée par les commerçants parce qu'elle peut être échangée contre l'équivalent en espèces. Un certificat d'argent américain, par exemple, peut être échangé contre une pièce d'argent réelle.

L'étalon-or a été partiellement abandonné par l'adoption internationale du système de Bretton Woods. Dans le cadre de ce système, toutes les autres grandes monnaies étaient liées à des taux fixes au dollar américain, lui-même lié par le gouvernement américain à l'or au taux de 35 dollars par once. Le système de Bretton Woods s'est effondré en 1971, entraînant le passage de la plupart des pays à la monnaie fiduciaire, c'est-à-dire une monnaie soutenue uniquement par les lois du pays.

Dans un étalon-or, le taux d'inflation (ou de déflation) à long terme serait déterminé par le taux de croissance de l'offre d'or par rapport à la production totale. Ses détracteurs affirment que cela entraînerait des fluctuations arbitraires du taux d'inflation et que la politique monétaire serait essentiellement déterminée par l'exploitation de l'or.

Contrôle des salaires et des prix

Une autre méthode tentée dans le passé a été le contrôle des salaires et des prix ("politiques des revenus"). Le contrôle des salaires et des prix a donné de bons résultats en temps de guerre, en combinaison avec le rationnement. Cependant, leur utilisation dans d'autres contextes est beaucoup plus mitigée. Parmi les échecs notables de leur utilisation, citons l'imposition en 1972 de contrôles des salaires et des prix par Richard Nixon. Parmi les exemples plus réussis, citons l'accord sur les prix et les revenus en Australie et l'accord de Wassenaar aux Pays-Bas.

En général, le contrôle des salaires et des prix est considéré comme une mesure temporaire et exceptionnelle, qui n'est efficace que si elle est associée à des politiques visant à réduire les causes sous-jacentes de l'inflation pendant le régime de contrôle des salaires et des prix, par exemple, gagner la guerre en cours. Ils ont souvent des effets pervers, en raison des signaux déformés qu'ils envoient au marché. Les prix artificiellement bas provoquent souvent le rationnement et les pénuries et découragent les investissements futurs, ce qui entraîne d'autres pénuries. L'analyse économique habituelle veut que tout produit ou service dont le prix est insuffisant soit surconsommé. Par exemple, si le prix officiel du pain est trop bas, il y aura trop peu de pain aux prix officiels et trop peu d'investissements dans la fabrication du pain par le marché pour satisfaire les besoins futurs, ce qui aggravera le problème à long terme.

Les contrôles temporaires peuvent *compléter* une récession comme moyen de lutte contre l'inflation : les contrôles rendent la récession plus efficace comme moyen de lutte contre l'inflation (réduisant la nécessité d'augmenter le chômage), tandis que la récession empêche les types de distorsions que les contrôles provoquent lorsque la demande est élevée. Cependant, en général, le conseil des économistes n'est pas d'imposer des contrôles de prix mais de libéraliser les prix en supposant que l'économie s'ajuste et abandonne les activités économiques non rentables. La baisse de l'activité entraînera une diminution de la demande des produits qui alimentaient l'inflation, qu'il s'agisse de la main-d'œuvre ou des ressources, et l'inflation diminuera avec la production économique totale. Cela produit souvent une grave récession, car la capacité de production est réaffectée, et est donc souvent très impopulaire auprès des personnes dont les moyens de subsistance sont détruits (voir destruction créatrice).

Banque centrale européenne

La **Banque centrale européenne** (**BCE**) est la principale composante de l'Eurosystème et du Système européen de banques centrales (SEBC) et l'une des sept institutions de l'Union européenne. C'est l'une des banques centrales les plus importantes au monde.

Le Conseil des gouverneurs de la BCE définit la politique monétaire de la zone euro et de l'Union européenne, administre les réserves de change des États membres de l'UE, effectue des opérations de change et définit les objectifs monétaires intermédiaires et le taux d'intérêt directeur de l'UE. Le Directoire de la BCE met en œuvre les politiques et les décisions du Conseil des gouverneurs, et peut, ce faisant, donner des instructions aux banques centrales nationales. La BCE a le droit exclusif d'autoriser l'émission de billets de banque en euros. Les États membres peuvent émettre des pièces en euros, mais le volume doit être approuvé au préalable par la BCE. La banque gère également le système de paiement TARGET2.

La BCE a été créée par le traité d'Amsterdam en mai 1999 dans le but de garantir et de maintenir la stabilité des prix. Le 1er décembre 2009, le traité de Lisbonne est entré en vigueur et la banque a obtenu le statut officiel d'institution de l'UE. Lorsque la BCE a été créée, elle couvrait une zone euro de onze membres. Depuis, la Grèce a rejoint la BCE en janvier 2001, la Slovénie en janvier 2007, Chypre et Malte en janvier 2008, la Slovaquie en janvier 2009, l'Estonie en janvier 2011, la Lettonie en janvier 2014 et la Lituanie en janvier 2015. L'actuelle présidente de la BCE est Christine Lagarde. La banque a son siège à Francfort, en Allemagne, et occupait auparavant l'Eurotower avant la construction de son nouveau siège.

La BCE est directement régie par le droit de l'Union européenne. Son capital social, d'une valeur de 11 milliards d'euros, est détenu par les 27 banques centrales des États membres de l'UE en tant qu'actionnaires. La clé de répartition initiale du capital a été déterminée en 1998 sur la base de la population et du PIB des États, mais elle a été réajustée depuis. Les actions de la BCE ne sont pas transférables et ne peuvent pas être utilisées comme garantie.

Histoire

Les premières années de la BCE (1998-2007)

La Banque centrale européenne est le successeur *de facto* de l'Institut monétaire européen

(IME). L'IME a été créé au début de la deuxième phase de l'Union économique et monétaire (UEM) de l'UE pour gérer les questions de transition des États adoptant l'euro et préparer la création de la BCE et du Système européen de banques centrales (SEBC). L'IME lui-même a succédé à l'ancien Fonds européen de coopération monétaire (FECOM).

La BCE a officiellement remplacé l'IME le 1er juin 1998 en vertu du traité sur l'Union européenne (TUE, traité de Maastricht), mais elle n'a pas exercé la totalité de ses pouvoirs avant l'introduction de l'euro le 1er janvier 1999, marquant ainsi la troisième étape de l'UEM. La banque était la dernière institution nécessaire à l'UEM, comme le soulignaient les rapports sur l'UEM de Pierre Werner et du président Jacques Delors. Elle a été créée le 1er juin 1998. Le premier président de la Banque a été Wim Duisenberg, ancien président de la banque centrale néerlandaise et de l'Institut monétaire européen. Alors que Duisenberg avait été à la tête de l'IME (succédant au Belge Alexandre Lamfalussy) juste avant la création de la BCE, le gouvernement français souhaitait que Jean-Claude Trichet, ancien directeur de la banque centrale française, soit le premier président de la BCE. Les Français ont fait valoir que, puisque la BCE devait être située en Allemagne, son président devait être français. Les gouvernements allemand, néerlandais et belge s'y opposent et voient en Duisenberg le garant d'un euro fort. Les tensions sont apaisées par un gentleman's agreement dans lequel Duisenberg se retire avant la fin de son mandat, pour être remplacé par Trichet.

Trichet a remplacé Duisenberg en tant que président en novembre 2003. Jusqu'en 2007, la BCE avait réussi à maintenir l'inflation à un niveau proche mais inférieur à 2 %.

La réponse de la BCE aux crises financières (2008-2014)

La Banque centrale européenne a subi une profonde transformation interne pour faire face à la crise financière mondiale et à la crise de la dette de la zone euro.

Une réponse rapide à la crise de la dette de la zone euro

La crise dite *de la dette européenne* a commencé après que le gouvernement nouvellement élu de la Grèce a révélé le niveau réel de son endettement et de son déficit budgétaire et a averti les institutions européennes du danger imminent d'un défaut de paiement souverain de la Grèce.

Prévoyant un éventuel défaut souverain dans la zone euro, le grand public, les institutions internationales et européennes et la communauté financière ont réévalué la situation économique et la solvabilité de certains États membres de la zone euro, en particulier les pays du Sud. En conséquence, les rendements des obligations souveraines de plusieurs pays de la zone euro ont commencé à augmenter fortement. Cela a provoqué une panique auto-réalisatrice sur les marchés financiers : plus les rendements des obligations grecques augmentaient, plus la possibilité d'un défaut de paiement devenait probable, plus les rendements obligataires augmentaient à leur tour.

Cette panique a également été aggravée par l'incapacité de la BCE à réagir et à intervenir sur les marchés des obligations souveraines pour deux raisons. D'abord, parce que le cadre juridique de la BCE interdit normalement l'achat d'obligations souveraines (article 123 du TFUE), ce qui a empêché la BCE de mettre en œuvre un assouplissement quantitatif comme l'ont fait la Réserve fédérale et la Banque d'Angleterre dès 2008, ce qui a joué un rôle important dans la stabilisation des marchés.

Deuxièmement, une décision de la BCE prise en 2005 a introduit une notation de crédit minimale (BBB-) pour toutes les obligations souveraines de la zone euro afin qu'elles puissent servir de garantie aux opérations d'open market de la BCE. Cela signifie que si une agence de notation privée dégradait une obligation souveraine en dessous de ce seuil, de nombreuses banques deviendraient soudainement illiquides car elles perdraient l'accès aux opérations de refinancement de la BCE. Selon l'ancien membre du conseil des gouverneurs de la BCE, Athanasios Orphanides, ce changement dans le cadre des garanties de la BCE a "planté la graine" de la crise de l'euro.

Face à ces contraintes réglementaires, la BCE dirigée par Jean-Claude Trichet en 2010 a hésité à intervenir pour calmer les marchés financiers. Jusqu'au 6 mai 2010, Jean-Claude Trichet a formellement nié, lors de plusieurs conférences de presse, la possibilité pour la BCE de se lancer dans l'achat d'obligations souveraines, alors même que la Grèce, le Portugal, l'Espagne et l'Italie étaient confrontés à des vagues de dégradation de leur notation et à des écarts de taux d'intérêt croissants.

Interventions de la BCE sur les marchés (2010-2011)

Dans un revirement remarquable, la BCE a annoncé le 10 mai 2010 le lancement d'un "programme de marché des titres" (SMP) qui implique l'achat discrétionnaire d'obligations souveraines sur les marchés secondaires. Fait extraordinaire, la décision a été prise par le Conseil des gouverneurs lors d'une téléconférence, trois jours seulement après la réunion habituelle de la BCE du 6 mai (au cours de laquelle Trichet niait toujours la possibilité d'acheter des obligations souveraines). La BCE a justifié cette décision par la nécessité de "faire face aux graves tensions sur les marchés financiers." Cette décision a également coïncidé avec la décision des dirigeants de l'UE, le 10 mai, d'établir le mécanisme européen de stabilisation financière, qui servirait de fonds de lutte contre la crise pour protéger la zone euro contre de futures crises de la dette souveraine.

Les achats d'obligations de la BCE se sont principalement concentrés sur la dette espagnole et italienne. Ils étaient destinés à freiner la spéculation internationale à l'encontre de ces pays, et donc à éviter une contagion de la crise grecque vers d'autres pays de la zone euro. L'hypothèse est que l'activité spéculative diminuera avec le temps et que la valeur des actifs augmentera.

Bien que le SMP ait impliqué une injection d'argent frais sur les marchés financiers, toutes les injections de la BCE ont été " stérilisées " par une absorption hebdomadaire de liquidités. L'opération a donc été neutre pour la masse monétaire globale.

En septembre 2011, Jürgen Stark, membre du conseil d'administration de la BCE, a démissionné pour protester contre le "programme de marché des titres" qui impliquait l'achat d'obligations souveraines des États membres du Sud, une mesure qu'il considérait comme équivalente à un financement monétaire, ce qui est interdit par le traité de l'UE. Le *Financial Times Deutschland a* qualifié cet épisode de "fin de la BCE telle que nous la connaissons", en référence à sa position jusqu'alors perçue comme "faucon" sur l'inflation et à son influence historique sur la Deutsche Bundesbank.

Au 18 juin 2012, la BCE avait dépensé au total 212,1 milliards d'euros (soit 2,2 % du PIB de la zone euro) pour des achats d'obligations couvrant la dette ferme, dans le cadre du programme pour les marchés de titres.
De manière controversée, la BCE a tiré des profits substantiels du SMP, qui ont été largement redistribués aux pays de la zone euro. En 2013, l'Eurogroupe a décidé de rembourser ces bénéfices à la Grèce, cependant les paiements ont été suspendus de 2014 à 2017 en raison du conflit entre Yanis Varoufakis et les ministres de l'Eurogroupe. En 2018, les remboursements des bénéfices ont été réinstallés par l'Eurogroupe.
Toutefois, plusieurs ONG se sont plaintes du fait qu'une partie substantielle des bénéfices de la BCE ne serait jamais remboursée à la Grèce.

Rôle dans la troïka (2010-2015)

La BCE a joué un rôle controversé au sein de la "Troïka" en rejetant toute forme de restructuration des dettes publiques et privées, en forçant les gouvernements à adopter des programmes de renflouement et des réformes structurelles par le biais de lettres secrètes adressées aux gouvernements italien, espagnol, grec et irlandais. Elle a en outre été accusée d'avoir interféré dans le référendum grec de juillet 2015 en contraignant les liquidités des banques commerciales grecques.

En novembre 2010, il est devenu évident que l'Irlande n'aurait pas les moyens de renflouer ses banques en faillite, et en particulier l'Anglo Irish Bank qui avait besoin d'environ 30 milliards d'euros, une somme que le gouvernement ne pouvait évidemment pas emprunter sur les marchés financiers alors que les rendements de ses obligations s'envolaient à des niveaux comparables à ceux des obligations grecques. Au lieu de cela, le gouvernement a émis un "billet à ordre" (une reconnaissance de dette) de 31 milliards d'euros à l'Anglo - qu'il avait nationalisée. À son tour, la banque a fourni le billet à ordre comme garantie à la Banque centrale d'Irlande, afin qu'elle puisse bénéficier d'une aide d'urgence en matière de liquidités (ELA). De cette façon, Anglo a pu rembourser ses détenteurs d'obligations. L'opération a été très controversée, car elle a eu pour effet de transférer les dettes privées d'Anglo sur le bilan de l'État.

Il est apparu plus tard que la BCE a joué un rôle clé en s'assurant que le gouvernement irlandais ne laissait pas Anglo faire défaut sur ses dettes, afin d'éviter les risques d'instabilité financière. Le 15 octobre et le 6 novembre 2010, le président de la BCE, Jean-Claude Trichet, a envoyé deux lettres secrètes au ministre irlandais des finances, qui informaient essentiellement le gouvernement irlandais de la suspension possible des lignes de crédit de l'ELA, à moins que le gouvernement ne demande un programme d'assistance financière à l'Eurogroupe sous réserve de nouvelles réformes et d'une consolidation budgétaire.

Au cours de 2012 et 2013, la BCE a insisté à plusieurs reprises pour que le billet à ordre soit remboursé intégralement, et a refusé la proposition du gouvernement d'échanger les billets contre une obligation à long terme (et moins coûteuse) jusqu'en février 2013. En outre, la BCE a insisté pour qu'aucune restructuration de la dette (ou bail-in) ne soit appliquée aux détenteurs d'obligations des banques nationalisées, une mesure qui aurait pu permettre à l'Irlande d'économiser 8 milliards d'euros.

En avril 2011, la BCE a relevé ses taux d'intérêt pour la première fois depuis 2008, les faisant passer de 1 % à 1,25 %, avec une nouvelle hausse à 1,50 % en juillet 2011. Cependant, en 2012-2013, la BCE a fortement baissé les taux d'intérêt pour encourager la croissance économique, atteignant le niveau historiquement bas de 0,25 % en novembre 2013. Peu après, les taux ont été réduits à 0,15%, puis le 4 septembre 2014, la banque centrale a réduit les taux de deux tiers, passant de 0,15% à 0,05%. Récemment, les taux d'intérêt ont encore été réduits pour atteindre 0,00 %, les taux les plus bas jamais enregistrés.La Banque centrale européenne n'était pas prête à gérer la masse monétaire sous la crise de 2008, c'est pourquoi elle n'a commencé à utiliser l'instrument de l'assouplissement quantitatif qu'en 2015.

Dans un rapport adopté le 13 mars 2014, le Parlement européen a critiqué le "conflit d'intérêts potentiel entre le rôle actuel de la BCE au sein de la Troïka en tant que "conseiller technique" et sa position de créancier des quatre États membres, ainsi que son mandat en vertu du traité". Le rapport était dirigé par l'eurodéputé autrichien de droite Othmar Karas et l'eurodéputé français socialiste Liem Hoang Ngoc.

La réponse de la BCE sous Mario Draghi (2012-2015)

Le 1er novembre 2011, Mario Draghi a remplacé Jean-Claude Trichet au poste de président de la BCE. Ce changement de direction marque également le début d'une nouvelle ère au cours de laquelle la BCE va devenir de plus en plus interventionniste et mettre fin à la crise de la dette souveraine de la zone euro.

La présidence de M. Draghi a débuté par le lancement impressionnant d'une nouvelle série de prêts à 1 % d'intérêt d'une durée de trois ans (36 mois) - les **opérations de refinancement à long terme (LTRO)**. Dans le cadre de ce programme, 523 banques ont utilisé jusqu'à 489,2 milliards d'euros (640 milliards de dollars). Les observateurs ont été surpris par le volume des prêts consentis lors de sa mise en œuvre. Les banques de Grèce, d'Irlande, d'Italie et d'Espagne ont utilisé de loin le plus gros montant, soit 325 milliards d'euros. Bien que ces opérations de refinancement à long terme n'aient pas profité directement aux gouvernements de l'UE, elles ont permis aux banques de réaliser une opération de portage, en prêtant aux gouvernements les prêts accordés dans le cadre de ces opérations avec une marge d'intérêt. L'opération a également facilité le refinancement des prêts.
de 200 milliards d'euros de dettes bancaires arrivant à échéance au cours des trois premiers mois de 2012.

"Tout ce qu'il faut" (26 juillet 2012)

Face aux nouvelles craintes concernant les souverains de la zone euro, Mario Draghi a poursuivi son discours décisif à Londres, en déclarant que la BCE "...est prête à faire *tout ce qu'il faut pour* préserver l'euro. Et croyez-moi, ce sera suffisant". Compte tenu de la lenteur des progrès politiques dans la résolution de la crise de la zone euro, la déclaration de Draghi a été considérée comme un tournant clé dans la crise de la zone euro, car elle a été immédiatement saluée par les dirigeants européens et a entraîné une baisse constante des rendements obligataires des pays de la zone euro, en particulier l'Espagne, l'Italie et la France.

Dans le prolongement du discours de Draghi, la BCE a annoncé le 6 septembre 2012 le programme de **transactions monétaires directes** (OMT). Contrairement au précédent programme SMP, OMT n'a pas de limite de temps ou de taille ex ante. Toutefois, l'activation des achats reste conditionnée à l'adhésion du pays bénéficiaire à un programme d'ajustement au MES. Le programme a été adopté à la quasi-unanimité, le président de la Bundesbank, Jens Weidmann, étant le seul membre du conseil des gouverneurs de la BCE à voter contre.

Même si le programme OMT n'a jamais été mis en œuvre jusqu'à aujourd'hui, il a rendu crédible l'engagement "whatever it takes" et a contribué de manière significative à la stabilisation des marchés financiers et à la fin de la crise de la dette souveraine. Selon diverses sources, le programme OMT et les discours "whatever it takes" ont été rendus possibles parce que les dirigeants de l'UE avaient précédemment accepté de construire l'union bancaire.

Faible inflation et assouplissement quantitatif (2015-2019)

En novembre 2014, la banque a emménagé dans ses nouveaux locaux, tandis que le bâtiment Eurotower a été consacré à l'accueil des activités de surveillance nouvellement établies de la BCE dans le cadre du mécanisme de surveillance unique.

Bien que la crise de la dette souveraine ait été presque résolue en 2014, la BCE a commencé à faire face à une baisse répétée du taux d'inflation de la zone euro, indiquant que l'économie se dirigeait vers une déflation. En réponse à cette menace, la BCE a annoncé le 4 septembre 2014 le lancement de deux programmes d'achat d'obligations : le programme d'achat d'obligations sécurisées (CBPP3) et le programme d'achat de titres adossés à des actifs (ABSPP). Le 22 janvier 2015, la BCE a annoncé une extension de ces programmes dans le cadre d'un véritable programme d'"'assouplissement quantitatif" incluant également les obligations souveraines, à hauteur de 60 milliards d'euros par mois jusqu'en septembre 2016 au moins. Le programme a été lancé le 9 mars 2015.

Le 8 juin 2016, la BCE a ajouté les obligations d'entreprises à son portefeuille d'achats d'actifs avec le lancement du programme d'achat du secteur privé (CSPP). Dans le cadre de ce programme, elle a procédé à des achats nets d'obligations d'entreprises jusqu'en janvier 2019 pour atteindre environ 177 milliards d'euros. Alors que le programme a été interrompu pendant 11 mois en janvier 2019, la BCE a relancé les achats nets en novembre 2019.

En 2021, la taille du programme d'assouplissement quantitatif de la BCE avait atteint 2947 milliards d'euros.

L'ère de Christine Lagarde (2019-)

En juillet 2019, les dirigeants européens ont désigné Christine Lagarde pour remplacer Mario Draghi à la présidence de la BCE. Mme Lagarde a démissionné de son poste de directrice générale du Fonds monétaire international en juillet 2019 et a officiellement pris la présidence de la BCE le 1er novembre 2019.

Lagarde a immédiatement signalé un changement de style dans la direction de la BCE. Elle a lancé la BCE dans un examen stratégique de la stratégie de politique monétaire de la BCE, un exercice que la BCE n'avait pas fait depuis 17 ans. Dans le cadre de cet exercice, Mme Lagarde a engagé la BCE à étudier la manière dont la politique monétaire pourrait contribuer à la lutte contre le changement climatique et a promis que "rien ne serait négligé". La présidente de la BCE a également adopté un changement de style de communication, notamment dans son utilisation des médias sociaux pour promouvoir l'égalité des sexes, et en ouvrant le dialogue avec les parties prenantes de la société civile.

Réponse à la crise du COVID-19

Cependant, les ambitions de Mme Lagarde ont été rapidement ralenties par le déclenchement de la crise de la pandémie COVID-19.

En mars 2020, la BCE a réagi rapidement et de manière audacieuse en lançant un ensemble de mesures comprenant un nouveau programme d'achat d'actifs : le programme d'achat d'urgence en cas de pandémie (PEPP) de 1 350 milliards d'euros, qui visait à faire baisser les coûts d'emprunt et à augmenter les prêts dans la zone euro. Le PEPP a été prolongé pour couvrir 500 milliards d'euros supplémentaires en décembre 2020. La BCE a également relancé davantage de prêts TLTRO aux banques, à des niveaux historiquement bas et avec un taux d'utilisation record (1,3 trillion d'euros en juin 2020). Les prêts des banques aux PME ont également été facilités par des mesures d'assouplissement des garanties et d'autres assouplissements en matière de surveillance. La BCE a également réactivé les accords de swap de devises et amélioré les accords de swap existants avec les banques centrales du monde entier.

Examen de la stratégie

En raison de la crise du COVID-19, la BCE a prolongé la durée de l'examen de la stratégie jusqu'en septembre 2021. Le 13 juillet 2021, la BCE a présenté les résultats de l'examen de la stratégie, avec les principales annonces suivantes :

- La BCE a annoncé un nouvel objectif d'inflation de 2 % au lieu de son objectif d'inflation "proche mais inférieur à 2 %". La BCE a également précisé qu'elle pourrait dépasser son objectif dans certaines circonstances.
- La BCE a annoncé qu'elle tenterait d'intégrer le coût du logement (loyers imputés) dans sa mesure de l'inflation.

- La BCE a annoncé un plan d'action sur le changement climatique

La BCE a également déclaré qu'elle procéderait à un autre examen de la stratégie en 2025.

Mandat et objectif d'inflation

Contrairement à de nombreuses autres banques centrales, la BCE n'a pas un *double mandat* l'obligeant à poursuivre deux objectifs d'importance égale, tels que la stabilité des prix et le plein emploi (comme le Système fédéral de réserve américain). La BCE n'a qu'un seul objectif principal - la stabilité des prix - sous réserve duquel elle peut poursuivre des objectifs secondaires.

Mandat principal

L'objectif principal de la Banque centrale européenne, énoncé à l'article 127, paragraphe 1, du traité sur le fonctionnement de l'Union européenne, est de maintenir la stabilité des prix dans la zone euro. Toutefois, les traités de l'UE ne précisent pas exactement comment la BCE doit poursuivre cet objectif. La Banque centrale européenne dispose d'une grande latitude quant à la manière dont elle poursuit son objectif de stabilité des prix, puisqu'elle peut décider elle-même de l'objectif d'inflation, et peut également influencer la manière dont l'inflation est mesurée.

En octobre 1998, le Conseil des gouverneurs a défini la stabilité des prix comme une inflation inférieure à 2 %, " une progression sur un an de l'indice des prix à la consommation harmonisé (IPCH) inférieure à 2 % dans la zone euro " et a ajouté que la stabilité des prix " devait être maintenue à moyen terme ". En mai 2003, à la suite d'un examen approfondi de la stratégie de politique monétaire de la BCE, le Conseil des gouverneurs a précisé que " dans la poursuite de la stabilité des prix, il vise à maintenir les taux d'inflation à des niveaux **inférieurs à, mais proches de**, 2 % à moyen terme ".

Depuis 2016, le président de la Banque centrale européenne a encore ajusté sa communication, en introduisant la notion de "symétrie" dans la définition de son objectif, précisant ainsi que la BCE doit répondre à la fois aux pressions inflationnistes aux pressions déflationnistes. Comme l'a dit Draghi, "la symétrie signifie non seulement que nous n'accepterons pas une inflation durablement faible, mais aussi que l'inflation ne sera pas plafonnée à 2 %."

Le 8 juillet 2021, à la suite de la revue stratégique menée par la nouvelle présidente Christine Lagarde, la BCE a officiellement abandonné la définition " inférieure mais proche de deux pour cent " et a adopté à la place un objectif symétrique de 2 %.

Mandat secondaire

Sans préjudice de l'objectif de stabilité des prix, le traité (127 TFUE) prévoit également la possibilité pour la BCE de poursuivre d'autres objectifs :

"Sans préjudice de l'objectif de stabilité des prix, le SEBC apporte son soutien aux politiques économiques générales dans l'Union en vue de contribuer à la réalisation des objectifs de l'Union, tels que définis à l'article 3 du traité sur l'Union européenne."

Cette disposition légale est souvent considérée comme fournissant un "mandat secondaire" à la BCE, et offre de nombreuses justifications pour que la BCE donne également la priorité à d'autres considérations telles que le plein emploi ou la protection de l'environnement, qui sont mentionnées dans l'article 3 du traité sur l'Union européenne. Dans le même temps, les économistes et les commentateurs sont souvent divisés sur la question de savoir si et comment la BCE doit poursuivre ces objectifs secondaires, en particulier l'impact environnemental. Les responsables de la BCE ont également souvent souligné les éventuelles contradictions entre ces objectifs secondaires. Pour mieux guider l'action de la BCE sur ses objectifs secondaires, il a été suggéré qu'une consultation plus étroite avec le Parlement européen serait justifiée.

Tâches

Pour mener à bien sa mission principale, la BCE a notamment pour tâche de :

- Définir et mettre en œuvre la **politique monétaire**
- Gérer les **opérations de change**
- **Maintenir le système de paiement** pour promouvoir le bon fonctionnement de l'infrastructure du marché financier dans le cadre du système de paiement TARGET2 et de la plate-forme technique actuellement développée pour le règlement des titres en Europe (TARGET2 Securities).
- **Rôle consultatif :** en vertu de la loi, l'avis de la BCE est requis sur toute législation nationale ou européenne relevant de la compétence de la BCE.
- **Collecte et établissement de statistiques**
- **Coopération internationale**
- **Émission de billets de banque :** la BCE détient le droit exclusif d'autoriser l'émission de billets de banque en euros. Les États membres peuvent émettre des pièces en euros, mais le montant doit être autorisé au préalable par la BCE (lors de l'introduction de l'euro, la BCE avait également le droit exclusif d'émettre des pièces).
- **Stabilité financière et politique prudentielle**
- **Supervision bancaire :** depuis 2013, la BCE a été chargée de superviser les banques d'importance systémique.

Outils de politique monétaire

Le principal outil de politique monétaire de la banque centrale européenne est l'emprunt collatéralisé ou les accords de pension. Ces outils sont également utilisés par la Banque fédérale de réserve des États-Unis, mais la Fed effectue davantage d'achats directs d'actifs financiers que son homologue européenne. Les garanties utilisées par la BCE sont généralement des dettes de haute qualité du secteur public et privé.

Tous les prêts accordés aux établissements de crédit doivent être garantis, comme l'exige l'article 18 des statuts du SEBC.

Les critères permettant de déterminer la "haute qualité" de la dette publique ont été des conditions préalables à l'adhésion à l'Union européenne : la dette totale ne doit pas être trop importante par rapport au produit intérieur brut, par exemple, et les déficits d'une année donnée ne doivent pas devenir trop importants. Bien que ces critères soient assez simples, un certain nombre de techniques comptables peuvent cacher la réalité sous-jacente de la solvabilité - ou de l'absence de solvabilité - des finances publiques.

Différence avec la Réserve fédérale américaine

Au sein de la Banque fédérale de réserve des États-Unis, la Réserve fédérale achète des actifs : généralement, des obligations émises par le gouvernement fédéral. Il n'y a pas de limite aux obligations qu'elle peut acheter et l'un des outils dont elle dispose en cas de crise financière est de prendre des mesures extraordinaires comme l'achat de grandes quantités d'actifs tels que des papiers commerciaux. Le but de ces opérations est de s'assurer que des liquidités suffisantes sont disponibles pour le fonctionnement du système financier.

L'Eurosystème, quant à lui, utilise les prêts garantis comme instrument de défaut. Il y a environ 1 500 banques éligibles qui peuvent soumissionner pour des contrats de pension à court terme. La différence est que les banques empruntent en fait des liquidités à la BCE et doivent les rembourser ; les courtes durées permettent d'ajuster les taux d'intérêt en permanence. Lorsque les obligations de pension arrivent à échéance, les banques participantes font une nouvelle offre. Une augmentation de la quantité de billets offerts aux enchères permet une augmentation de la liquidité dans l'économie. Une diminution a l'effet contraire. Les contrats sont inscrits à l'actif du bilan de la Banque centrale européenne et les dépôts qui en résultent dans les banques membres sont inscrits au passif. En termes simples, le passif de la banque centrale est l'argent, et une augmentation des dépôts dans les banques membres, portés au passif par la banque centrale, signifie que davantage d'argent a été injecté dans l'économie.

Pour pouvoir participer aux adjudications, les banques doivent être en mesure d'apporter la preuve d'une garantie appropriée sous forme de prêts à d'autres entités. Il peut s'agir de la dette publique des États membres, mais un éventail assez large de titres bancaires privés est également accepté. Les conditions d'adhésion à l'Union européenne sont assez strictes, notamment en ce qui concerne la dette souveraine en tant que critère d'éligibilité. pourcentage du produit intérieur brut de chaque État membre, sont conçus pour garantir que les actifs offerts à la banque en garantie sont, du moins en théorie, tous de même qualité et tous également protégés du risque d'inflation.

Organisation

La BCE dispose de quatre organes de décision, qui prennent toutes les décisions dans le but de remplir le mandat de la BCE :

- le Conseil d'administration,
- le Conseil des gouverneurs,
- le Conseil général, et · le conseil de surveillance.

Organes de décision

Conseil d'administration

Le directoire est responsable de la mise en œuvre de la politique monétaire (définie par le conseil des gouverneurs) et de la gestion courante de la banque. Il peut émettre des décisions à l'intention des banques centrales nationales et peut également exercer les pouvoirs qui lui sont délégués par le Conseil des gouverneurs. Les membres du directoire se voient attribuer un portefeuille de responsabilités par le président de la BCE. Le directoire se réunit normalement tous les mardis.

Il est composé de la présidente de la Banque (actuellement Christine Lagarde), du vice-président (actuellement Luis de Guindos) et de quatre autres membres. Ils sont tous nommés par le

Conseil européen pour un mandat non renouvelable de huit ans. Les membres du directoire de la BCE sont nommés "parmi des personnes dont l'autorité et l'expérience professionnelle dans le domaine monétaire ou bancaire sont reconnues, d'un commun accord par les gouvernements des États membres au niveau des chefs d'État ou de gouvernement, sur recommandation du Conseil, après consultation du Parlement européen et du conseil des gouverneurs de la BCE".

José Manuel González-Páramo, membre espagnol du directoire depuis juin 2004, devait quitter le conseil d'administration début juin 2012, mais aucun remplaçant n'avait été désigné à la fin du mois de mai. Dès janvier 2012, les Espagnols avaient proposé le Barcelonais Antonio Sáinz de Vicuña - un vétéran de la BCE qui dirige son département juridique - pour remplacer M. González-Páramo, mais d'autres candidats, originaires du Luxembourg, de Finlande et de Slovénie, ont été proposés et aucune décision n'avait été prise en mai. Après une longue bataille politique et des retards dus à la protestation du Parlement européen concernant le manque d'équilibre entre les sexes à la BCE, le Luxembourgeois Yves Mersch a été nommé en remplacement de González-Páramo.

En décembre 2020, Frank Elderson a succédé à Yves Mersch au conseil d'administration de la BCE.

Conseil d'administration

Le conseil des gouverneurs est le principal organe de décision de l'Eurosystème. Il est composé des membres du directoire (six au total) et des gouverneurs des banques centrales nationales des pays de la zone euro (19 en 2015).

Selon l'article 284 du TFUE, le président du Conseil européen et un représentant de la Commission européenne peuvent assister aux réunions en tant qu'observateurs, mais ils n'ont pas le droit de vote.

Depuis janvier 2015, la BCE publie sur son site Internet un résumé des délibérations du conseil des gouverneurs (" comptes "). Ces publications ont constitué une réponse partielle aux critiques récurrentes contre l'opacité de la BCE. Cependant, contrairement à d'autres banques centrales, la BCE ne divulgue toujours pas les votes individuels des gouverneurs siégeant à son conseil.

Conseil général

Le Conseil général est un organe chargé des questions transitoires liées à l'adoption de l'euro, par exemple, la fixation des taux de change des monnaies remplacées par l'euro (poursuivant ainsi les tâches de l'ancien IME). Il continuera d'exister jusqu'à ce que tous les États membres de l'UE adoptent l'euro, date à laquelle il sera dissous. Il est composé du président et du viceprésident ainsi que des gouverneurs de toutes les banques centrales nationales de l'UE.

Conseil de surveillance

Le conseil de surveillance se réunit deux fois par mois pour discuter, planifier et exécuter les missions de surveillance de la BCE. Il propose des projets de décision au Conseil des gouverneurs dans le cadre de la procédure de non-objection. Il est composé du président (nommé pour un mandat non renouvelable de cinq ans), du vice-président (choisi parmi les membres du directoire de la BCE), de quatre représentants de la BCE et de représentants des autorités nationales de surveillance. Si l'autorité nationale de surveillance désignée par un État membre n'est pas une banque centrale nationale (BCN), le représentant de l'autorité compétente peut être accompagné d'un représentant de sa BCN. Dans ce cas, les représentants sont considérés ensemble comme un seul membre aux fins de la procédure de vote.

Il comprend également le comité directeur, qui soutient les activités du conseil de surveillance et prépare les réunions du conseil. Il est composé du président du conseil de surveillance, du viceprésident du conseil de surveillance, d'un représentant de la BCE et de cinq représentants des autorités de surveillance nationales. Les cinq représentants des autorités nationales de surveillance sont nommés par le conseil de surveillance pour un an selon un système de rotation qui garantit une représentation équitable des pays.

Souscription au capital

La BCE est directement régie par le droit européen, mais sa structure ressemble à celle d'une société dans le sens où la BCE a des actionnaires et un capital social. Son capital initial devait être de 5 milliards d'euros et la clé de répartition initiale du capital a été déterminée en 1998 sur la base de la population et du PIB des États membres, mais cette clé est ajustable. Les BCN de la zone euro ont dû verser intégralement leurs souscriptions respectives au capital de la BCE. Les BCN des pays non participants ont dû verser 7 % de leurs souscriptions respectives au capital de la BCE à titre de contribution aux coûts opérationnels de la BCE. En conséquence, la BCE a été dotée d'un capital initial d'un peu moins de 4 milliards d'euros. Le capital est détenu par les banques centrales nationales des États membres en tant qu'actionnaires. Les actions de la BCE ne sont pas transférables et ne peuvent pas être utilisées comme garantie. Les BCN sont les seuls souscripteurs et détenteurs du capital de la BCE.

Aujourd'hui, le capital de la BCE s'élève à environ 11 milliards d'euros, qui sont détenus par les banques centrales nationales des États membres en tant qu'actionnaires. Les parts des BCN dans ce capital sont calculées à l'aide d'une clé de répartition du capital qui reflète la part de chaque membre dans la population totale et le produit intérieur brut de l'UE. La BCE ajuste les parts tous les cinq ans et chaque fois que le nombre de BCN contributrices change. L'ajustement est effectué sur la base des données fournies par la Commission européenne.

Toutes les banques centrales nationales (BCN) qui détiennent une part du capital social de la BCE à compter du 1er février 2020 sont énumérées ci-dessous. Les BCN n'appartenant pas à la zone euro ne sont tenues de libérer qu'un très faible pourcentage de leur capital souscrit, ce qui explique l'ampleur différente du capital total libéré dans la zone euro et hors zone euro.

Réserves

Outre les souscriptions au capital, les BCN des États membres participant à la zone euro ont fourni à la BCE des avoirs de réserve de change équivalant à environ 40 milliards d'euros. Les contributions de chaque BCN sont proportionnelles à sa part dans le capital souscrit de la BCE, tandis qu'en retour, chaque BCN est créditée par la BCE d'une créance en euros équivalente à sa contribution. 15 % des contributions ont été effectuées en or, et les 85 % restants en dollars américains et en livres sterling.

Langues

La langue de travail interne de la BCE est généralement l'anglais ou l'allemand, et les conférences de presse se déroulent habituellement en anglais. Les communications externes sont traitées de manière flexible : L'anglais est privilégié (mais pas exclusivement) pour la communication au sein du SEBC (c'est-à-dire avec les autres banques centrales) et avec les marchés financiers ; la communication avec les autres organismes nationaux et avec les citoyens de l'UE se fait normalement dans leur langue respective, mais le site Internet de la BCE est principalement en anglais ; les documents officiels tels que le rapport annuel sont rédigés dans les langues officielles de l'UE(généralement en anglais, en allemand et en français.

En 2022, la BCE publie pour la première fois des détails sur la nationalité de son personnel, révélant une surreprésentation des Allemands et des Italiens parmi les employés de la BCE, y compris aux postes de direction.

Indépendance

La Banque centrale européenne (et par extension, l'Eurosystème) est souvent considérée comme la " banque centrale la plus indépendante du monde ". En termes généraux, cela signifie que les tâches et les politiques de l'Eurosystème peuvent être discutées, conçues, décidées et mises en œuvre en toute autonomie, sans pression ni besoin d'instructions d'un organisme extérieur. La principale justification de l'indépendance de la BCE est qu'un tel dispositif institutionnel contribue au maintien de la stabilité des prix.

En pratique, l'indépendance de la BCE repose sur quatre principes clés :

- **Indépendance opérationnelle et juridique** : la BCE dispose de toutes les compétences requises pour remplir son mandat de stabilité des prix et peut donc piloter la politique monétaire en toute autonomie et avec un haut degré de discrétion. Le conseil des gouverneurs de la BCE délibère dans le plus grand secret, puisque les relevés de vote individuels ne sont pas divulgués au public (ce qui donne lieu à des soupçons selon lesquels les membres du conseil des gouverneurs votent en fonction de leur nationalité). Outre les décisions de politique monétaire, la BCE a le droit d'édicter des règlements juridiquement contraignants. Dans le cadre de ses compétences et si les conditions prévues par le droit de l'Union sont remplies, elle peut sanctionner les acteurs non conformes s'ils enfreignent les exigences légales prévues par les règlements de l'Union directement applicables. La personnalité juridique propre de la

BCE lui permet également de conclure des accords juridiques internationaux indépendamment des autres institutions de l'Union et d'être partie à des procédures judiciaires. Enfin, la BCE peut organiser sa structure interne comme elle l'entend.

- **Indépendance personnelle :** le mandat des membres du conseil d'administration de la BCE est volontairement très long (8 ans) et les gouverneurs des banques centrales nationales ont un mandat minimum renouvelable de cinq ans. En outre, les membres du directoire de la BCE bénéficient d'une grande immunité contre les procédures judiciaires. En effet, la révocation ne peut être décidée que par la Cour de justice de l'Union européenne (CJUE), à la demande du conseil des gouverneurs de la BCE ou du directoire (c'est-à-dire la BCE elle-même). Une telle décision n'est possible qu'en cas d'incapacité ou de faute grave. Les gouverneurs nationaux des banques centrales nationales de l'Eurosystème peuvent être révoqués en vertu du droit national (avec possibilité de recours) s'ils ne peuvent plus remplir leurs fonctions ou s'ils ont commis une faute grave.

- **Indépendance financière** : la BCE est le seul organe de l'UE dont les statuts garantissent l'indépendance budgétaire grâce à ses propres ressources et revenus. La BCE utilise ses propres bénéfices générés par ses opérations de politique monétaire et
ne peut être techniquement insolvable.
L'indépendance financière de la BCE renforce son indépendance politique. Étant donné que la BCE n'a pas besoin de financement extérieur et qu'il lui est symétriquement interdit d'avoir recours à l'emprunt.

le financement monétaire direct des institutions publiques, ce qui le met à l'abri des pressions potentielles des autorités publiques.

- **Indépendance politique** : Les institutions et organes communautaires et les gouvernements des États membres ne peuvent chercher à influencer les membres des organes de décision de la BCE ou des BCN dans l'accomplissement de leurs missions. Symétriquement, les institutions communautaires et les gouvernements nationaux sont tenus par les traités de respecter l'indépendance de la BCE. C'est ce dernier point qui fait l'objet de nombreux débats.

Responsabilité démocratique

En contrepartie de son haut degré d'indépendance et de discrétion, la BCE est responsable devant le Parlement européen (et, dans une moindre mesure, devant la Cour des comptes européenne, le Médiateur européen et la Cour de justice de l'UE (CJUE)). Bien qu'il n'existe pas d'accord interinstitutionnel entre le Parlement européen et la BCE pour réglementer le cadre de responsabilité de la BCE, celui-ci s'est inspiré d'une résolution du Parlement européen adoptée en 1998, qui a ensuite fait l'objet d'un accord informel avec la BCE et a été intégré au règlement intérieur du Parlement.En 2021, la commission ECON du Parlement européen a demandé à entamer des négociations avec la BCE afin de formaliser et d'améliorer ces dispositions en matière de responsabilité.

Le cadre de responsabilité implique cinq mécanismes principaux :

- **Rapport annuel :** la BCE est tenue de publier des rapports sur ses activités et doit adresser son rapport annuel au Parlement européen, à la Commission européenne, au Conseil de l'Union européenne et au Conseil européen. En retour, le Parlement européen évalue les activités passées de la BCE par le biais de son rapport annuel sur la Banque centrale européenne (qui est essentiellement une liste non contraignante de résolutions). • **Auditions trimestrielles :** la Commission des affaires économiques et monétaires du Parlement européen organise chaque trimestre une audition (le " Dialogue monétaire ") avec la BCE, permettant aux parlementaires d'adresser des questions orales au président de la BCE.
- **Questions parlementaires :** tous les membres du Parlement européen ont le droit d'adresser des questions écrites au président de la BCE. Le président de la BCE fournit une réponse écrite dans un délai d'environ 6 semaines.
- **Nominations :** Le Parlement européen est consulté lors du processus de nomination des membres du directoire de la BCE.
- **Procédure judiciaire : la** personnalité juridique propre à la BCE permet à la société civile ou aux institutions publiques de déposer des plaintes contre la BCE auprès de la Cour de justice de l'UE.

En 2013, un accord interinstitutionnel a été conclu entre la BCE et le Parlement européen dans le cadre de la mise en place de la supervision bancaire de la BCE. Cet accord fixe des pouvoirs plus larges au Parlement européen que la pratique établie sur le volet politique monétaire des activités de la BCE. Par exemple, en vertu de l'accord, le Parlement peut opposer son veto à la nomination du président et du vice-président du conseil de surveillance de la BCE, et peut approuver les révocations si la BCE le demande.

Transparence

Outre son indépendance, la BCE est soumise à des obligations de transparence limitées, contrairement aux normes des institutions européennes et des autres grandes banques centrales. En effet, comme le souligne Transparency International, " Les traités font de la transparence et de l'ouverture des principes de l'UE et de ses institutions. Ils accordent toutefois à la BCE une exemption partielle de ces principes. Selon l'art. 15(3) TFUE, la BCE n'est liée par les principes de transparence de l'UE "que dans l'exercice de [ses] missions administratives" (l'exemption - qui laisse le terme "missions administratives" indéfini - s'applique également à la Cour de justice de l'Union européenne et à la Banque européenne d'investissement)."
Dans la pratique, il existe plusieurs exemples concrets où la BCE est moins transparente que d'autres institutions :

- **Le secret des votes** : alors que d'autres banques centrales publient le relevé des votes de ses décideurs, les décisions du conseil des gouverneurs de la BCE sont prises en toute discrétion. Depuis 2014, la BCE publie des "comptes rendus" de ses réunions de politique monétaire, mais ceux-ci restent assez vagues et ne comprennent pas les votes individuels.

- **Accès aux documents** : L'obligation pour les organes de l'UE de rendre les documents librement accessibles après un embargo de 30 ans s'applique à la BCE. Toutefois, en vertu du règlement intérieur de la BCE, le Conseil des gouverneurs peut décider de maintenir la confidentialité de certains documents au-delà de la période de 30 ans.
- **Divulgation des titres :** La BCE est moins transparente que la Fed lorsqu'il s'agit de divulguer la liste des titres détenus dans son bilan dans le cadre d'opérations de politique monétaire telles que le QE.

Localisation

La banque est basée à Ostend (East End), à Francfort-sur-le-Main. Cette ville est le plus grand centre financier de la zone euro et l'emplacement de la banque y est fixé par le traité d'Amsterdam. En 2014, la banque a emménagé dans un nouveau siège construit spécialement pour elle, conçu par un bureau d'architectes basé à Vienne, Coop Himmelbau. Le bâtiment, d'une hauteur d'environ 180 mètres, sera accompagné d'autres bâtiments secondaires sur un site paysager à l'emplacement de l'ancien marché de gros, dans la partie est de Francfort-sur-leMain. La construction principale, sur un site d'une superficie totale de 120 000 m^2, a commencé en octobre 2008, et il était prévu que le bâtiment devienne un symbole architectural pour l'Europe. Bien qu'il ait été conçu pour accueillir le double du nombre d'employés qui travaillaient dans l'ancienne Eurotower, ce bâtiment a été conservé par la BCE, car elle a besoin de plus d'espace depuis qu'elle est responsable de la supervision bancaire.

Les débats autour de la BCE

Débats sur l'indépendance de la BCE

Le débat sur l'indépendance de la BCE trouve son origine dans les étapes préparatoires de la construction de l'UEM. Le gouvernement allemand a accepté d'aller de l'avant si certaines garanties cruciales étaient respectées, comme une Banque centrale européenne indépendante des gouvernements nationaux et protégée des pressions politiques, à l'instar de la banque centrale allemande. Le gouvernement français, quant à lui, craignait que cette indépendance signifie que les politiciens n'auraient plus aucune marge de manœuvre dans le processus. Un compromis a alors été trouvé en instaurant un dialogue régulier entre la BCE et le Conseil des ministres des finances de la zone euro, l'Eurogroupe.

Arguments en faveur de l'indépendance

Il existe un fort consensus parmi les économistes sur la valeur de l'indépendance des banques centrales par rapport à la politique. Les raisons de ce consensus sont à la fois empiriques et théoriques. Du point de vue théorique, on pense que l'incohérence temporelle suggère l'existence de cycles économiques politiques dans lesquels les élus pourraient profiter de surprises politiques pour assurer leur réélection.

Le politicien en campagne électorale sera donc incité à introduire des politiques monétaires expansionnistes, réduisant le chômage à court terme. Ces effets seront très probablement temporaires. En revanche, à long terme, il augmentera l'inflation, le retour du chômage au taux naturel annulant l'effet positif. En outre, la crédibilité de la banque centrale se détériorera, rendant plus difficile de répondre au marché. En outre, des travaux empiriques ont été réalisés pour définir et mesurer l'indépendance de la banque centrale (IBC), en examinant la relation entre l'IBC et l'inflation.

Les arguments contre une trop grande indépendance Une indépendance qui serait à l'origine d'un déficit démocratique.

Démystifier l'indépendance des banquiers centraux : Selon Christopher Adolph (2009), la prétendue neutralité des banquiers centraux n'est qu'une façade juridique et non un fait indiscutable. Pour ce faire, l'auteur analyse les carrières professionnelles des banquiers centraux et les met en miroir avec leurs prises de décisions monétaires respectives. Pour expliquer les résultats de son analyse, il utilise la théorie du "*principal-agent*". Il explique que pour créer une nouvelle entité, il faut un délégant ou *principal* (dans ce cas, les chefs d'État ou de gouvernement de la zone euro) et un délégué ou *agent* (dans ce cas, la BCE). Dans son illustration, il décrit la communauté financière comme une "*principale ombre*" qui influence le choix des banquiers centraux, indiquant ainsi que les banques centrales agissent effectivement comme des interfaces entre le monde financier et les États. Il n'est donc pas étonnant, toujours selon l'auteur, de retrouver leur influence et leurs préférences dans la nomination des banquiers centraux, présumés conservateurs, neutres et impartiaux selon le modèle de la Banque centrale indépendante (BCI), qui élimine cette fameuse "*incohérence temporelle*". Les banquiers centraux ont eu une vie professionnelle avant de rejoindre la banque centrale et leur carrière se poursuivra très probablement après leur mandat. Ils sont en définitive des êtres humains. Par conséquent, pour l'auteur, les banquiers centraux ont des intérêts propres, basés sur leurs carrières passées et leurs attentes après avoir rejoint la BCE, et tentent d'envoyer des messages à leurs futurs employeurs potentiels.

La crise : une occasion d'imposer sa volonté et d'étendr ses pouvoirs :

– *Sa participation à la troïka* : Grâce à ses trois facteurs qui expliquent son indépendance, la BCE a profité de cette crise pour mettre en place, via sa participation à la troïka, les fameuses réformes structurelles dans les Etats membres visant à rendre plus flexibles les différents marchés, notamment le marché du travail, jugés encore trop rigides selon le concept ordolibéral.

- *Surveillance macro-prudentielle* : Parallèlement, profitant de la réforme du système de surveillance financière, la Banque de Francfort a acquis de nouvelles responsabilités, telles que la surveillance macro-prudentielle, en d'autres termes, la surveillance de la fourniture de services financiers.

-Prendre des *libertés avec son mandat pour sauver l'Euro* : Paradoxalement, la crise a sapé le discours ordolibéral de la BCE "parce que certains de ses instruments, qu'elle a dû mettre en œuvre, s'écartaient significativement de ses principes. Elle a alors interprété le paradigme avec suffisamment de souplesse pour adapter sa réputation initiale à ces nouvelles conditions économiques. Elle a été contrainte de le faire en dernier recours pour sauver sa seule et unique raison d'être : l'euro. Elle a donc été obligée de faire preuve de pragmatisme en s'écartant de l'esprit de ses statuts, ce qui est inacceptable pour les partisans les plus acharnés de l'ordolibéralisme, ce qui conduira à la démission des deux dirigeants allemands présents au sein de la BCE : le gouverneur de la Bundesbank, Jens WEIDMANN et le membre du directoire de la BCE, Jürgen STARK.

– *La régulation du système financier* : La délégation de cette nouvelle fonction à la BCE s'est faite en toute simplicité et avec l'assentiment des dirigeants européens, car ni la Commission ni les États membres ne souhaitaient vraiment obtenir la surveillance des dérives financières dans toute la zone. En d'autres termes, en cas de nouvelle crise financière, la BCE serait le bouc émissaire idéal.

- *Captation de la politique de change* : L'événement qui marquera le plus la politisation définitive de la BCE est bien sûr l'opération lancée en janvier 2015 : l'opération d'assouplissement quantitatif (QE). En effet, l'euro est une monnaie surévaluée sur les marchés mondiaux par rapport au dollar et la zone euro est menacée de déflation. De plus, les États membres se retrouvent lourdement endettés, notamment en raison du sauvetage de leurs banques nationales. La BCE, en tant que gardienne de la stabilité de la zone euro, décide de racheter progressivement plus de 1 100 milliards d'euros de dette publique des États membres. De cette façon, l'argent est réinjecté dans l'économie, l'euro se déprécie sensiblement, les prix augmentent, le risque de déflation est écarté et les États membres réduisent leurs dettes. Cependant, la BCE vient de s'octroyer le droit de diriger la politique de change de la zone euro sans que cela ne soit nécessaire.

être accordée par les traités ou avec l'approbation des dirigeants européens, et sans que l'opinion publique ou l'espace public n'en aient conscience.

En conclusion, pour les partisans d'un cadre d'indépendance de la BCE, il y a une nette concentration des pouvoirs. À la lumière de ces faits, il est clair que la BCE n'est plus le simple gardien de la stabilité monétaire dans la zone euro, mais est devenue, au fil de la crise, un " *acteur économique multi-compétent, à l'aise dans ce rôle que personne, et surtout pas les gouvernements agnostiques des États membres de l'euro, ne semble avoir l'idée de contester* ". Ce nouveau super-acteur politique, ayant capté de nombreux domaines de compétences et une très forte influence dans le domaine économique au sens large (économie, finance, budget...). Ce nouveau super-acteur politique ne peut plus agir seul et refuser un contre-pouvoir, consubstantiel à nos démocraties libérales. En effet, le statut d'indépendance dont jouit par essence la BCE ne doit pas l'exonérer d'une réelle responsabilité vis-à-vis du processus démocratique.

Les arguments en faveur d'un contre-pouvoir

Au lendemain de la crise de la zone euro, plusieurs propositions de contre-pouvoir ont été avancées, pour faire face aux critiques de déficit démocratique. Pour l'économiste allemand German Issing (2001), la BCE a une responsabilité démocratique et devrait être plus transparente. Selon lui, cette transparence pourrait apporter plusieurs avantages comme l'amélioration de l'efficacité et de la crédibilité en donnant au public des informations adéquates. D'autres pensent que la BCE devrait avoir une relation plus étroite avec le Parlement européen qui pourrait jouer un rôle majeur dans l'évaluation de la responsabilité démocratique de la BCE. Le développement de nouvelles institutions ou la création d'un ministre est une autre solution proposée :

Un ministre pour la zone euro ?

L'idée d'un ministre des finances de la zone euro est régulièrement évoquée et soutenue par certaines personnalités politiques, dont Emmanuel Macron, mais aussi la chancelière allemande Angela Merkel, l'ancien président de la BCE Jean-Claude Trichet et l'ancien commissaire européen Pierre Moscovici. Pour ce dernier, cette position apporterait "*plus de légitimité démocratique*" et "*plus d'efficacité*" à la politique européenne. Selon lui, il s'agit de fusionner les pouvoirs du commissaire à l'économie et aux finances avec ceux du président de l'Eurogroupe.

La tâche principale de ce ministre serait de "représenter une autorité politique forte protégeant les intérêts économiques et budgétaires de la zone euro dans son ensemble, et non les intérêts des États membres individuels". Selon l'Institut Jacques Delors, ses compétences pourraient être les suivantes :

- Superviser la coordination des politiques économiques et budgétaires
- Faire respecter les règles en cas d'infraction
- Mener des négociations dans un contexte de crise
- Contribuer à l'amortissement des chocs régionaux
- Représenter la zone euro dans les institutions et forums internationaux

Pour Jean-Claude Trichet, ce ministre pourrait également s'appuyer sur le groupe de travail de l'Eurogroupe pour la préparation et le suivi des réunions en format zone euro, et sur le Comité économique et financier pour les réunions concernant tous les Etats membres. Il aurait également sous son autorité un Secrétariat général du Trésor de la zone euro, dont les missions seraient déterminées par les objectifs de l'union budgétaire en cours de constitution.

Cette proposition a néanmoins été rejetée en 2017 par l'Eurogroupe, son président, Jeroen Dijsselbloem, a évoqué l'importance de cette institution par rapport à la Commission européenne.

Vers des institutions démocratiques ?

L'absence d'institutions démocratiques telles qu'un Parlement ou un véritable gouvernement est une critique régulière de la BCE dans sa gestion de la zone euro, et de nombreuses propositions ont été faites à ce sujet, notamment après la crise économique, qui aurait montré la nécessité d'améliorer la gouvernance de la zone euro. Pour Moïse Sidiropoulos, professeur d'économie : "La crise de la zone euro n'a pas été une surprise, car l'euro reste une monnaie inachevée, une monnaie apatride à la légitimité politique fragile".

L'économiste français Thomas Piketty a écrit sur son blog en 2017 qu'il était essentiel de doter la zone euro d'institutions démocratiques. Un gouvernement économique pourrait par exemple lui permettre d'avoir un budget commun, des impôts communs et des capacités d'emprunt et d'investissement. Un tel gouvernement rendrait alors la zone euro plus démocratique et transparente en évitant l'opacité d'un conseil tel que l'Eurogroupe.

Néanmoins, selon lui, "*il ne sert à rien de parler d'un gouvernement de la zone euro si on ne dit pas à quel organe démocratique ce gouvernement sera responsable*", un véritable parlement de la zone euro devant lequel un ministre des finances serait responsable semble être la véritable priorité pour l'économiste, qui dénonce également le manque d'action dans ce domaine.

La création d'une sous-commission au sein de l'actuel Parlement européen a également été évoquée, sur le modèle de l'Eurogroupe, qui est actuellement une sous-formation du Comité ECOFIN.

Cela nécessiterait une simple modification du règlement intérieur et permettrait d'éviter une situation de concurrence entre deux assemblées parlementaires distinctes. L'ancien président de la Commission européenne avait d'ailleurs déclaré à ce sujet qu'il n'avait "aucune sympathie pour l'idée d'un Parlement spécifique de la zone euro".

Siège de la Banque centrale européenne

Le **siège de la Banque centrale européenne** (**BCE**) est un complexe d'immeubles de bureaux situé à Francfort, en Allemagne. Il comprend un gratte-ciel à deux tours et l'ancienne halle du marché de gros (*Großmarkthalle*), un bâtiment de faible hauteur reliant les deux. Il a été achevé er 2014 et a été officiellement inauguré le 18 mars 2015.

La BCE est tenue par les traités de l'Union européenne d'avoir son siège dans les limites de la ville de Francfort, le plus grand centre financier de la zone euro. Auparavant, la BCE résidait dans l'Eurotower et, au fur et à mesure que ses fonctions augmentaient en raison de l'adhésion de nouveaux pays à la zone euro, dans trois autres bâtiments. des immeubles de grande hauteur à proximité - l'Eurotheum, le Japan Center et le Neue Mainzer Straße 32-36, l'ancien siège de la Commerzbank.

Architecture

L'immeuble de bureaux principal, construit pour la BCE, se compose de deux tours reliées par un atrium avec quatre plateformes d'échange. La tour Nord comporte 45 étages et une hauteur de toit de 185 m (607 ft), tandis que la tour Sud comporte 43 étages et une hauteur de toit de 165 m (541 ft). Avec l'antenne, la tour nord atteint une hauteur de 201 m (659 ft). Le site de la BCE comprend également la Großmarkthalle, une ancienne halle de marché de gros construite de 1926 à 1928, entièrement rénovée pour sa nouvelle fonction.

Histoire

Développement

En 1999, la banque a lancé un concours international d'architecture pour la conception d'un nouveau bâtiment. Il a été remporté par un bureau d'architectes basé à Vienne, Coop Himmelb(l)au. Le bâtiment devait mesurer 185 mètres de haut (201 mètres avec l'antenne), accompagné d'autres bâtiments secondaires.
des bâtiments sur un site paysager situé à l'emplacement de l'ancien marché de gros (Großmarkthalle) dans la partie orientale de Francfort. Les principaux travaux de construction devaient commencer en octobre 2008, l'achèvement étant prévu avant la fin de 2011.

La construction a été suspendue en juin 2008, la BCE n'ayant pas réussi à trouver un entrepreneur capable de construire la tour Skytower pour le budget alloué de 500 millions d'euros, l'appel d'offres ayant eu lieu au sommet de la bulle de la récession d'avant la fin des années 2000. Un a plus tard, les prix ayant considérablement baissé, la BCE a lancé une nouvelle procédure d'appel d'offres divisée en plusieurs segments.

Autorité bancaire européenne

L'**Autorité bancaire européenne** (**ABE**) est une agence de régulation de l'Union européenne dont le siège est à Paris. Ses activités consistent notamment à effectuer des tests de résistance sur les banques européennes afin d'accroître la transparence du système financier européen et d'identifier les faiblesses des structures de capital des banques.

L'ABE a le pouvoir de passer outre les régulateurs nationaux si ceux-ci ne parviennent pas à réglementer correctement leurs banques. L'ABE est en mesure d'empêcher l'arbitrage réglementaire et devrait permettre aux banques de se livrer à une concurrence loyale dans toute l'UE. L'ABE empêchera un nivellement par le bas, car les banques établies dans des juridictions moins réglementées ne bénéficieront plus d'un avantage concurrentiel par rapport aux banques basées dans des juridictions plus réglementées, car toutes les banques devront désormais se conformer à la norme paneuropéenne plus élevée.

Histoire

L'ABE a été créée le 1er janvier 2011, date à laquelle elle a hérité de toutes les tâches et responsabilités du Comité européen des contrôleurs bancaires (CECB). Dans la continuité du secrétariat du CECB et jusqu'au 30 mars 2019, il était situé à Londres.

En raison du retrait prévu du Royaume-Uni de l'UE, la Commission européenne a élaboré des plans visant à déplacer l'ABE (ainsi que l'Agence européenne des médicaments) hors du Royaume-Uni, afin de la maintenir au sein des autres États membres de l'UE. Les sièges envisagés pour l'agence étaient Bruxelles, Dublin, Francfort, Luxembourg, Paris, Prague, Vienne et Varsovie. C'est finalement Paris qui a été choisi par tirage au sort pour accueillir l'ABE, à 18h40 CET, le lundi 20 novembre 2017.

En juin 2021, l'ABE a déclaré que les banques de l'Union européenne devaient disposer d'un plan décennal expliquant comment elles allaient gérer les risques environnementaux, sociaux et gouvernementaux (ESG) pour leurs résultats.

Mission et tâches

La principale mission de l'ABE est de contribuer, par l'adoption de normes techniques contraignantes (BTS) et de lignes directrices, à la création du règlement unique européen dans le domaine bancaire. Le règlement unique vise à fournir un ensemble unique de règles prudentielles harmonisées pour les institutions financières dans toute l'UE, contribuant ainsi à créer des conditions de concurrence égales et à offrir une protection élevée aux déposants, aux investisseurs et aux consommateurs.

L'Autorité joue également un rôle important dans la promotion de la convergence des pratiques de surveillance afin de garantir une application harmonisée des règles prudentielles. Enfin, l'ABE est mandatée pour évaluer les risques et les vulnérabilités du secteur bancaire de l'UE, notamment par le biais de rapports réguliers d'évaluation des risques et de tests de résistance paneuropéens.

Le mandat de l'ABE prévoit également d'autres tâches :
- enquêter sur les allégations d'application incorrecte ou insuffisante du droit communautaire par les autorités nationales
- prendre des décisions à l'intention des autorités compétentes individuelles ou des institutions financières dans des situations d'urgence
- la médiation pour résoudre les désaccords entre autorités compétentes dans des situations transfrontalières
- agir en tant qu'organe consultatif indépendant auprès du Parlement européen, du Conseil ou de la Commission.

- jouer un rôle de premier plan dans la promotion de la transparence, de la simplicité et de l'équité sur le marché des produits ou services financiers destinés aux consommateurs dans l'ensemble du marché intérieur.

Pour accomplir ces tâches, l'ABE peut produire un certain nombre de documents réglementaires et non réglementaires, notamment des normes techniques contraignantes, des orientations, des recommandations, des avis, des questions et réponses (Q&R) et des rapports ad hoc ou réguliers. Les normes techniques contraignantes sont des actes juridiques qui précisent des aspects particuliers d'un texte législatif de l'UE (directive ou règlement) et visent à assurer une harmonisation cohérente dans des domaines spécifiques. L'EBA élabore des projets de BTS qui sont finalement approuvés et adoptés par la Commission européenne. Contrairement à d'autres documents tels que les lignes directrices ou les recommandations, les BTS sont juridiquement contraignantes et directement applicables dans tous les États membres.

Cadre commun de présentation des rapports

Le reporting commun (COREP) est le cadre de reporting standardisé publié par l'ABE pour le reporting de la directive sur les exigences de fonds propres. Il couvre le risque de crédit, le risque de marché, le risque opérationnel, les fonds propres et les ratios d'adéquation des fonds propres. Ce cadre de reporting a été adopté par près de 30 pays européens. Les institutions réglementées sont périodiquement tenues de déposer des rapports COREP, sur une base individuelle et consolidée, en utilisant XBRL dans les taxonomies de l'architecture Eurofiling. Tous les organismes réglementés au Royaume-Uni doivent utiliser COREP pour effectuer leurs rapports statutaires réguliers à partir du 1er janvier 2014.

Comité européen du risque systémique

Le **Comité européen du risque systémique** (**CERS**) est un groupe créé le 16 décembre 2010 en réponse à la crise financière actuelle. Il est chargé de la surveillance macroprudentielle du système financier au sein de l'Union européenne afin de contribuer à la prévention ou à l'atténuation des risques systémiques pour la stabilité financière dans l'UE. Elle contribue au bon fonctionnement du marché intérieur et assure ainsi une contribution durable du secteur financier à la croissance économique.

Le CERS est un organe de surveillance macroprudentielle de l'UE et il fait partie du Système européen de surveillance financière (SESF), dont l'objectif est d'assurer la surveillance du système financier de l'UE. En tant qu'organe dépourvu de personnalité juridique, le CERS est hébergé et soutenu par la Banque centrale européenne. Il comprend des représentants de la BCE, des banques centrales nationales et des autorités de surveillance des États membres de l'UE, ainsi que de la Commission européenne.

Vue d'ensemble

Le fonctionnement du conseil a été confié à la Banque centrale européenne et le premier président du CERS était Jean-Claude Trichet. Actuellement, le CERS est présidé par Christine Lagarde, la présidente de la BCE. Afin de tirer parti des structures existantes et compatibles, et de minimiser tout retard dans le début de ses opérations, la BCE fournit un soutien analytique, statistique, administratif et logistique au CERS, et des conseils techniques sont également fournis par les banques centrales nationales, les superviseurs et un comité scientifique indépendant.

Prix leke van den Burg pour la recherche sur le risque systémique

Le comité scientifique consultatif du CERS décerne chaque année le **prix leke van den Burg,** qui récompense une recherche exceptionnelle menée par de jeunes universitaires sur un sujet lié à la mission du CERS. Le prix est nommé en l'honneur d'leke van den Burg, pour ses travaux sur la stabilité financière. L'article gagnant est généralement présenté à la conférence annuelle du CERS et publié dans la série des documents de travail du CERS.

Autorité européenne des marchés financiers

L'**Autorité européenne des marchés financiers** (**AEMF**) est une autorité indépendante de l'Union européenne située à Paris.

L'AEMF a remplacé le Comité européen des régulateurs des marchés de valeurs mobilières (CERVM) le 1er janvier 2011. Elle est l'une des trois nouvelles autorités européennes de surveillance créées dans le cadre du Système européen de surveillance financière.

Vue d'ensemble

L'AEMF travaille dans le domaine de la législation et de la réglementation des valeurs mobilières pour améliorer le fonctionnement des marchés financiers en Europe, en renforçant la protection des investisseurs et la coopération entre les autorités nationales compétentes.

L'idée derrière l'ESMA est d'établir un "chien de garde des marchés financiers à l'échelle de l'UE". L'une de ses principales tâches consiste à réglementer les agences de notation de crédit. En 2010, les agences de notation de crédit ont été critiquées pour le manque de transparence de leurs évaluations et pour un possible conflit d'intérêts. Dans le même temps, l'impact des notes attribuées est devenu important pour les entreprises et les banques, mais aussi pour les États.

En octobre 2017, l'ESMA a organisé sa première conférence qui s'est tenue à Paris.
L'événement a examiné des questions essentielles pour les marchés financiers européens et a réuni 350 participants.

Mesures d'intervention de l'ESMA sur les produits

Le 1er août 2018, l'ESMA a mis en œuvre des restrictions de négociation modifiées concernant les contrats sur différence (CFD) et les paris sur écart pour les clients de détail. Le changement le plus important est que les options binaires seront complètement interdites, tandis que le levier CFD avec lequel les clients de détail peuvent négocier sera limité à 30:1 et 2:1, en fonction de la volatilité de l'actif sous-jacent négocié. Ces restrictions s'appliquent uniquement aux traders considérés comme des investisseurs de détail. Les traders expérimentés, qui entrent dans la catégorie des clients professionnels, étaient exclus. Cela signifie également que les clients professionnels ne bénéficiaient pas des mêmes protections que les investisseurs particuliers. Les restrictions, initialement imposées comme une mesure temporaire, ont été renouvelées le 1er février 2019 pour une nouvelle période de trois mois. Le 31 juillet 2019, l'ESMA a annoncé qu'elle ne renouvellerait pas les restrictions après leur expiration le 1er août 2019, car tous les pays membres de l'UE ont réussi à mettre en œuvre des restrictions similaires au niveau national.

Questions et réponses (Q&R)

Pour garantir l'application cohérente au quotidien du droit de l'Union dans le cadre des attributions de l'ESMA, l'une des contributions clés des organisations est la production et la mise à jour des questions-réponses. Afin d'ouvrir le processus, l'ESMA a lancé en février 2017 un nouveau processus permettant aux parties prenantes de soumettre une Q&A. Une fois examinés, si ces Q&R sont sélectionnés, ils sont publiés en anglais sur le site de l'ESMA.

Lightning Source UK Ltd.
Milton Keynes UK
UKHW020640260922
409457UK00009B/907